어휘로 잡는 빠빠빵빵 독해

초등 과학 3

글 신동경 | 그림 허현경, 조승연

KB070907

웅진주니어

이 책의 특징

" 어휘를 알면 독해가 쉽다! 어휘력을 빵빵하게 키워 독해를 쉽게 할 수 있습니다.

글을 읽고도 무슨 뜻인지 모르는 이유가 무엇일까요? 글을 읽고 그 내용을 이해하는 능력인 독해력이 부족하기 때문입니다. 독해력은 문장을 읽고 이해하는 능력인 문해력과도 연결됩니다. 문해력을 기르려면 어휘력이 바탕이 되어야 합니다. 『어휘로 잡는 빵빵 독해』에서는 어휘의 의미와 쓰임을 다양한 상황으로 구성해 보여 줌으로써 아이들이 어휘를 쉽게 이해할 수 있게 하였습니다. 또한 이렇게 익힌 어휘를 짧은 문장으로 확인하는 문제를 통해 문해력을 키우고 긴 글까지 확장해 이해할 수 있도록 하였습니다.

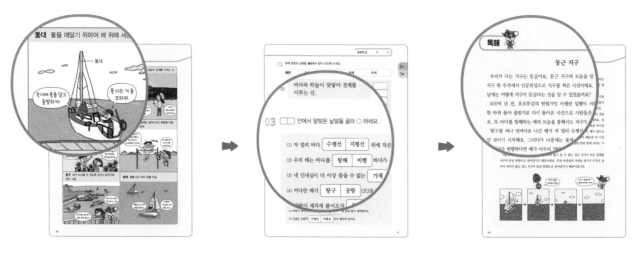

" 초등 교과와 연계한 독해 프로그램으로, 교과 지식을 넓힐 수 있습니다.

초등 과학 교과서에 나오는 주제로 구성된 다양한 지문을 통해 독해 능력을 키우고 교과 공부에 필요한 기초 지식도 키울 수 있도록 하였습니다. 또 '교과서 속 책 읽기'를 통해 초등 및 중등 국어 교과서에 나오는 지문을 미리 읽어 보는 경험을 할 수 있습니다.

주	일차	학습 주제	주	일차	학습 주제
1주 지구 1	1	둥근 지구	3주 지구 3	1	기상 현상
	2	지구의 지형		2	기압과 바람
	3	물의 순환		3	지구의 자전
	4	물의 침식 작용과 퇴적 작용		4	지구의 공전
	5	지구 주위를 도는 달		5	달의 위치와 모양 변화
2주 지구 2	1	지층의 특징	4주 우주	1	태양계 구성
	2	퇴적암의 생성		2	태양의 특징
	3	화석의 특징		3	태양계 행성의 특징
	4	화산과 화산 분출물		4	별과 별자리
	5	지진의 발생		5	은하와 우리은하
교과서 속 책 읽기			교과서 속 책 읽기		

❝ 한 번에 끝내자! 오늘 학습은 오늘 끝내는 성취감을 느낄 수 있습니다.

어휘와 독해를 하루에 하나씩! 1주 6일, 4주 한 권 완성으로 학습 성취감을 높입니다. 부담 없이 학습할 수 있도록 쉽고 간결하게 구성하였으며, 날마다 학습한 날짜를 기록하면서 아이 스스로 꾸준히 학습할 수 있도록 하였습니다.

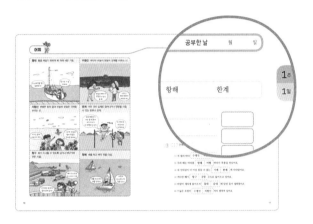
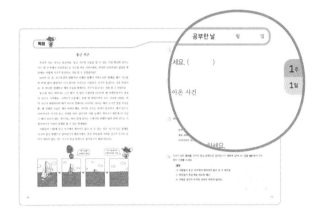

❝ 친근한 빵 친구들이 어휘와 독해 학습의 재미를 높여 줍니다.

또띠
똑소리 나는 토르티야. 아는 것이 많고 생각도 많다. 모르는 게 있으면 빨리 알아봐야 직성이 풀리는 성격. 그래서 머리에 항상 돋보기, 스마트폰 등을 넣고 다닌다.

빵이
푸근한 식빵. 웃음이 많다. 감정이 풍부하여 잘 웃고, 부끄러움을 잘 탄다. 새로운 사실을 알았을 때는 얼굴이 부풀었다 쭈그러들었다를 반복한다.

핫또야

장난꾸러기 핫도그. 심심한 걸 견디지 못해 케첩 같은 소스를 뿌려 대며 말썽을 일으키기도 하지만 악의는 없다.

롱이
수다쟁이 마카롱. 무조건 아는 척을 잘하며 모든 일을 참견하고 싶어 이곳저곳을 기웃거린다.

소라
수줍음이 많은 소라빵. 호기심도 많다. 무엇인가 골똘히 생각할 때는 커다란 모자에 몸을 숨기기도 하고, 놀라면 모자가 들썩이는 등 과한 리액션이 매력이다.

꽈리

투덜이 꽈배기. 무슨 일이든지 일단 투덜거리고 본다. 싫을수록 몸이 더 배배 꼬이고, 몸에 묻은 설탕을 털면서 온몸으로 거부한다.

이 책의 구성과 활용 방법

어휘 독해를 하기 전에 독해 지문에 나오는 어휘의 뜻을 익힙니다.

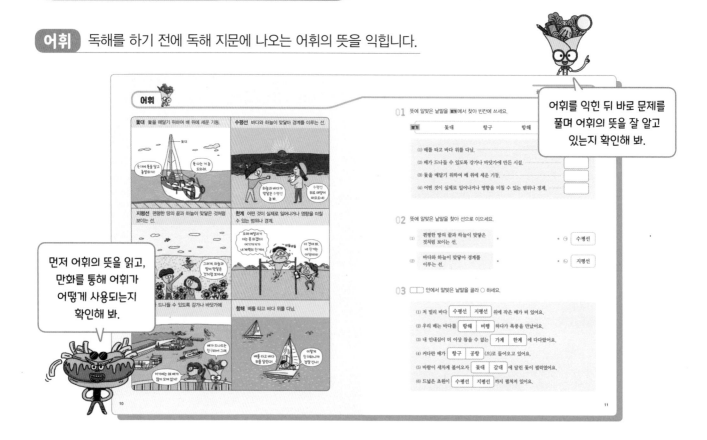

어휘를 익힌 뒤 바로 문제를 풀며 어휘의 뜻을 잘 알고 있는지 확인해 봐.

먼저 어휘의 뜻을 읽고, 만화를 통해 어휘가 어떻게 사용되는지 확인해 봐.

독해 초등 과학 교과서에 나오는 학습 주제를 담은 지문을 읽고 독해력을 기릅니다.

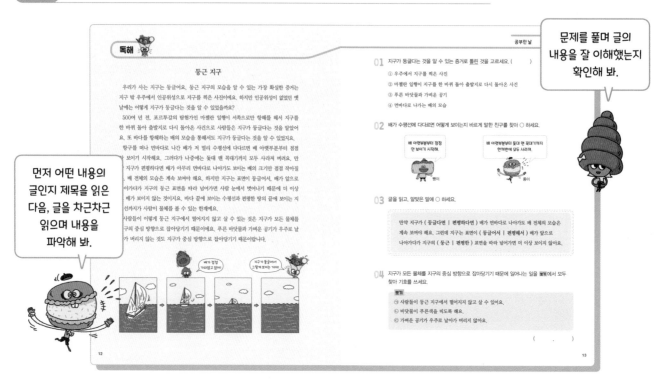

문제를 풀며 글의 내용을 잘 이해했는지 확인해 봐.

먼저 어떤 내용의 글인지 제목을 읽은 다음, 글을 차근차근 읽으며 내용을 파악해 봐.

복습 한 주 동안 배운 내용을 낱말 퍼즐, 사다리 타기, 미로 등의 다양한 활동을 통해 복습합니다.

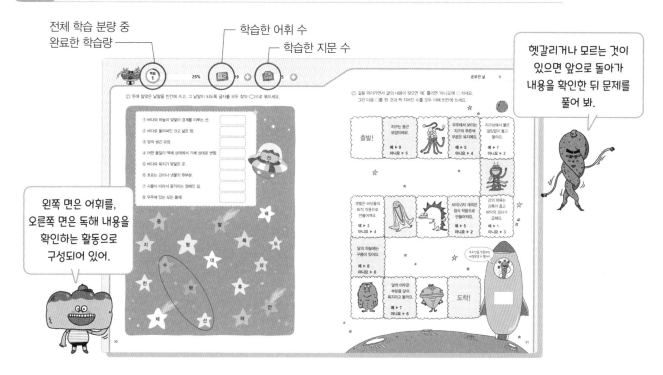

전체 학습 분량 중
완료한 학습량

학습한 어휘 수

학습한 지문 수

헷갈리거나 모르는 것이
있으면 앞으로 돌아가
내용을 확인한 뒤 문제를
풀어 봐.

왼쪽 면은 어휘를,
오른쪽 면은 독해 내용을
확인하는 활동으로
구성되어 있어.

교과서 속 책 읽기 초등 및 중등 국어 교과서에 나오는 다양한 유형의 지문을 읽고 내용을 파악합니다.

학습 주제와 관련된
교과서에 나오는
지문을 읽으며
내용을 파악해 봐.

지문의 내용을 잘
파악했는지 간단한
문제를 풀며 확인해 봐.

해답 어휘, 독해, 복습, 교과서 속 책 읽기 문제의 해답을 확인합니다.

찾아보기 헷갈리거나 모르는 어휘를 찾아봅니다.

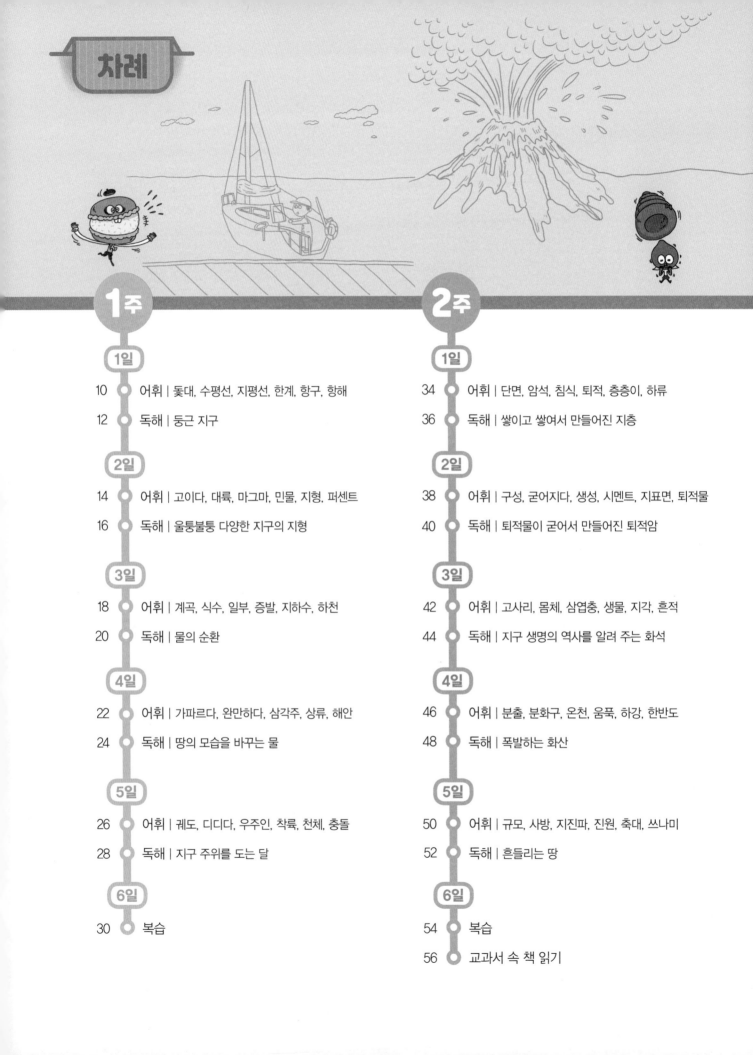

차례

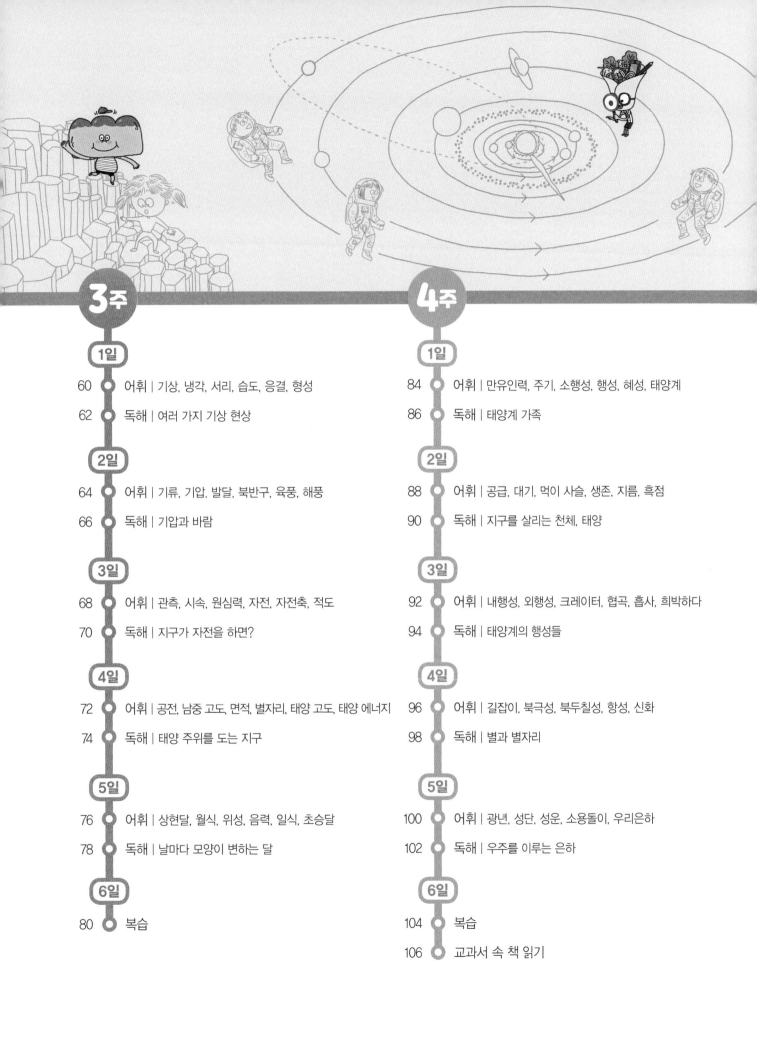

1_주 지구 1

1일

어휘 | 돛대, 수평선, 지평선, 한계, 항구, 항해
독해 | 둥근 지구

2일

어휘 | 고이다, 대륙, 마그마, 민물, 지형, 퍼센트
독해 | 울퉁불퉁 다양한 지구의 지형

3일

어휘 | 계곡, 식수, 일부, 증발, 지하수, 하천
독해 | 물의 순환

5일

어휘 | 궤도, 디디다, 우주인, 착륙, 천체, 충돌
독해 | 지구 주위를 도는 달

4일

어휘 | 가파르다, 완만하다, 삼각주, 상류, 해안
독해 | 땅의 모습을 바꾸는 물

6일

복습

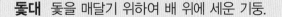

돛대 돛을 매달기 위하여 배 위에 세운 기둥.

수평선 바다와 하늘이 맞닿아 경계를 이루는 선.

지평선 편평한 땅의 끝과 하늘이 맞닿은 것처럼 보이는 선.

한계 어떤 것이 실제로 일어나거나 영향을 미칠 수 있는 범위나 경계.

항구 배가 드나들 수 있도록 강가나 바닷가에 만든 시설.

항해 배를 타고 바다 위를 다님.

01 뜻에 알맞은 낱말을 보기 에서 찾아 빈칸에 쓰세요.

보기   돛대   항구   항해   한계

(1) 배를 타고 바다 위를 다님. ⋯⋯⋯⋯⋯⋯⋯⋯ ☐

(2) 배가 드나들 수 있도록 강가나 바닷가에 만든 시설. ⋯⋯ ☐

(3) 돛을 매달기 위하여 배 위에 세운 기둥. ⋯⋯⋯⋯ ☐

(4) 어떤 것이 실제로 일어나거나 영향을 미칠 수 있는 범위나 경계. ⋯⋯ ☐

02 뜻에 알맞은 낱말을 찾아 선으로 이으세요.

(1) 편평한 땅의 끝과 하늘이 맞닿은
것처럼 보이는 선.   ㉠ 수평선

(2) 바다와 하늘이 맞닿아 경계를
이루는 선.   ㉡ 지평선

03 ☐ 안에서 알맞은 낱말을 골라 ○ 하세요.

(1) 저 멀리 바다 | 수평선 지평선 | 위에 작은 배가 떠 있어요.

(2) 우리 배는 바다를 | 항해 비행 | 하다가 폭풍을 만났어요.

(3) 내 인내심이 더 이상 참을 수 없는 | 가계 한계 | 에 다다랐어요.

(4) 커다란 배가 | 항구 공항 | (으)로 들어오고 있어요.

(5) 바람이 세차게 불어오자 | 돛대 갈대 | 에 달린 돛이 펄럭였어요.

(6) 드넓은 초원이 | 수평선 지평선 | 까지 펼쳐져 있어요.

둥근 지구

우리가 사는 지구는 둥글어요. 둥근 지구의 모습을 알 수 있는 가장 확실한 증거는 지구 밖 우주에서 인공위성으로 지구를 찍은 사진이에요. 하지만 인공위성이 없었던 옛날에는 어떻게 지구가 둥글다는 것을 알 수 있었을까요?

500여 년 전, 포르투갈의 탐험가인 마젤란 일행이 서쪽으로만 항해를 해서 지구를 한 바퀴 돌아 출발지로 다시 돌아온 사건으로 사람들은 지구가 둥글다는 것을 알았어요. 또 바다를 항해하는 배의 모습을 통해서도 지구가 둥글다는 것을 알 수 있었지요.

항구를 떠나 먼바다로 나간 배가 저 멀리 수평선에 다다르면 배 아랫부분부터 점점 안 보이기 시작해요. 그러다가 나중에는 돛대 맨 꼭대기까지 모두 사라져 버려요. 만약 지구가 편평하다면 배가 아무리 먼바다로 나아가도 보이는 배의 크기만 점점 작아질 뿐, 배 전체의 모습은 계속 보여야 해요. 하지만 지구는 표면이 둥글어서, 배가 앞으로 나아가다가 지구의 둥근 표면을 따라 넘어가면 사람 눈에서 벗어나기 때문에 더 이상 그 배가 보이지 않는 것이지요. 바다 끝에 보이는 수평선과 편평한 땅의 끝에 보이는 지평선까지가 사람이 물체를 볼 수 있는 한계예요.

사람들이 이렇게 둥근 지구에서 떨어지지 않고 살 수 있는 것은 지구가 모든 물체를 지구의 중심 방향으로 잡아당기기 때문이에요. 푸른 바닷물과 가벼운 공기가 우주로 날아가 버리지 않는 것도 지구가 중심 방향으로 잡아당기기 때문이랍니다.

01 지구가 둥글다는 것을 알 수 있는 증거로 <u>틀린</u> 것을 고르세요. (　　　　)

① 우주에서 지구를 찍은 사진

② 마젤란 일행이 지구를 한 바퀴 돌아 출발지로 다시 돌아온 사건

③ 푸른 바닷물과 가벼운 공기

④ 먼바다로 나가는 배의 모습

02 배가 수평선에 다다르면 어떻게 보이는지 바르게 말한 친구를 찾아 ○ 하세요.

배 아랫부분부터 점점 안 보이기 시작해.

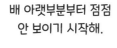

빵이

배 아랫부분부터 돛대 맨 꼭대기까지 한꺼번에 모두 사라져.

롱이

03 글을 읽고, 알맞은 말에 ○ 하세요.

만약 지구가 (**둥글다면** | **편평하다면**) 배가 먼바다로 나아가도 배 전체의 모습은
계속 보여야 해요. 그런데 지구는 표면이 (**둥글어서** | **편평해서**) 배가 앞으로
나아가다가 지구의 (**둥근** | **편평한**) 표면을 따라 넘어가면 더 이상 보이지 않아요.

04 지구가 모든 물체를 지구의 중심 방향으로 잡아당기기 때문에 일어나는 일을 보기 에서 모두
찾아 기호를 쓰세요.

보기
㉠ 사람들이 둥근 지구에서 떨어지지 않고 살 수 있어요.

㉡ 바닷물이 푸른색을 띠도록 해요.

㉢ 가벼운 공기가 우주로 날아가 버리지 않아요.

(　　　，　　　)

고이다 우묵한 곳이나 좁은 넓이의 공간에 액체나 냄새, 기체 등이 모이다.

왜 이렇게 비틀거려?

여기저기 웅덩이에 물이 고여 있어서 피하느라고.

대륙 바다로 둘러싸인 크고 넓은 땅.

지구 표면에 있는 거대한 땅덩어리가 대륙이야.

유럽
아시아
북아메리카
아프리카
남아메리카
오세아니아
남극

마그마 땅속 깊은 곳에서 암석이 녹아서 만들어진 뜨거운 물질.

용암은 땅속에 있던 마그마가 땅 위로 솟아 나온 거야.

용암

땅속 깊은 곳에 마그마가 있단 말이지?

마그마

민물 강이나 호수와 같이 짜지 않은 물.

아니야, 물이 짜지 않은 걸 보니 민물이야.

우아, 넓다! 여기 바다인가 봐.

여기는 호수야!

지형 땅의 생긴 모양.

사막은 모래가 넓게 펼쳐진 지형이야.

바람에 날린 모래가 바위를 깎아 만든 버섯 모양 바위도 사막에서 볼 수 있어.

퍼센트 전체 수량을 100으로 하여 그것에 대해 가지는 비율을 나타내는 단위.

사탕이 모두 100개니까 40퍼센트면 40개네.

신난다!

여기 있는 사탕 중에서 40퍼센트는 너 가져!

사탕 10개
사탕 10개
사탕 10개
사탕 10개
사탕 10개
사탕 10개
사탕 10개
사탕 10개
사탕 10개
사탕 10개

01 낱말에 대한 설명이 맞으면 ○, 틀리면 ✕ 하세요.

(1) '지형'은 땅의 넓이를 말해요.   (   )

(2) '대륙'은 한 면은 육지에 이어지고 삼면은 바다로 둘러싸인 땅을 말해요.   (   )

(3) '고이다'는 우묵한 곳이나 좁은 넓이의 공간에 액체나 냄새, 기체 등이
    모이는 것을 말해요.   (   )

(4) '민물'은 바다처럼 짠맛이 나는 물을 말해요.   (   )

(5) '마그마'는 땅속 깊은 곳에서 암석이 녹아서 만들어진 뜨거운 물질을
    말해요.   (   )

(6) '퍼센트'는 전체 수량을 100으로 하여 그것에 대해 가지는 비율을
    나타내는 단위를 말해요.   (   )

02 빈칸에 알맞은 낱말이 차례대로 묶인 것을 고르세요. (   )

"

· 우리나라는 아시아 ☐에 있어요.

· 바닷속에도 산이나 계곡 같은 여러 가지 ☐이 있어요.

· ☐에 사는 물고기는 짠 바닷물에서는 살 수 없어요.

"

① 지형 – 대륙 – 민물   ② 민물 – 대륙 – 지형

③ 대륙 – 지형 – 민물   ④ 대륙 – 민물 – 지형

03 (   ) 안에 알맞은 낱말을 **보기** 에서 찾아 기호를 쓰세요.

| 보기 | ㉠ 마그마 | ㉡ 퍼센트 | ㉢ 고인 |

(1) 지붕에 (   )
빗물이 아래로 뚝뚝 떨어졌어.

(2) 땅속에 있는 암석이 녹아서
(   )가 된다고?

(3) 사람 몸의 약 70(   )는
물이 차지한대.

울퉁불퉁 다양한 지구의 지형

우주에서 보면 지구는 푸른색과 초록색, 갈색, 흰색 부분이 섞여 있어요. 표면도 매끈해 보이지요. 하지만 실제 지구의 표면은 울퉁불퉁해요. 지구의 표면이 다양한 지형으로 이루어져 있기 때문이에요.

우주에서 보이는 지구의 푸른색 부분은 바다로, 지구 표면의 약 70퍼센트를 차지해요. 바닷물에는 소금을 비롯해 여러 가지 물질이 많이 녹아 있고 짠맛이 나요. 그래서 바닷물은 사람이 마시기에 적당하지 않아요.

지구 표면의 나머지인 약 30퍼센트는 육지로, 우주에서 보면 초록색과 갈색으로 보이는 부분이에요. 대륙과 섬이 육지에 해당하지요. 육지에는 높게 솟은 땅에 나무가 많은 산, 땅이 넓고 편평한 들 같은 지형이 있어요. 물이 넓고 길게 흘러 바다로 이어지는 강, 육지의 물이 낮은 곳으로 흘러 고여 있는 호수도 있지요. 강이나 호수 같은 육지의 물은 바닷물과 달리 짜지 않은 민물이에요.

또 지구의 육지에는 오랜 세월 동안 쌓인 눈이 얼어붙어 만들어진 빙하나 비가 아주 적게 내리고 모래로 뒤덮인 사막이 있어요. 또 땅속의 마그마가 지구 표면을 뚫고 뿜어져 나와 만들어진 화산 같은 지형도 있지요.

지구의 푸른색 부분이 바다, 초록색과 갈색 부분이 육지이면 흰색은 무엇일까요? 바로 구름이에요. 구름은 여러 가지 모양과 크기로 지형 위 공기 중에 떠 있답니다.

▲ 호수

▲ 빙하

높은 산 위에 만들어진 빙하야.

01 지구의 표면에 대한 글을 읽고, 빈 곳에 알맞은 말을 쓰세요.

> 지구의 표면은 다양한 _____으로 이루어져 있어 울퉁불퉁해요.

02 바다에 대한 설명이 맞으면 ○, 틀리면 ✕ 하세요.

(1) 우주에서 보이는 지구의 갈색 부분이 바다예요.   (   )

(2) 지구 표면의 약 70퍼센트를 차지해요.   (   )

(3) 바닷물은 짠맛이 나지 않는 민물이에요.   (   )

03 어떤 지형에 대한 설명인지 찾아 선으로 이으세요.

(1) 육지의 물이 낮은 곳으로 흘러 고여 있어요. •   • ㉠ 산

(2) 물이 넓고 길게 흘러 바다로 이어져요. •   • ㉡ 들

(3) 높이 솟은 땅에 나무가 많아요. •   • ㉢ 강

(4) 땅이 넓고 편평해요. •   • ㉣ 호수

04 ( ) 안에 알맞은 지형을 보기 에서 찾아 기호를 쓰세요.

> 보기   ㉠ 빙하   ㉡ 사막   ㉢ 화산

(1) ( )은 비가 아주 적게 내리고 모래로 뒤덮여 있어.

(2) ( )은 땅속의 마그마가 지구 표면을 뚫고 뿜어져 나와 만들어졌어.

(3) ( )는 오랜 세월 동안 쌓인 눈이 얼어붙어 만들어졌어.

계곡 물이 흐르는 골짜기.

식수 먹을 물. 또는 먹을 수 있는 물.

일부 한 부분. 또는 전체 중의 얼마.

증발 어떤 물질이 액체 상태에서 기체 상태로 변함. 또는 그런 현상.

지하수 땅속에 고여 있는 물.

하천 강과 시내.

01 뜻에 알맞은 낱말이 되도록 보기 에서 글자를 모두 찾아 빈칸에 쓰세요.

보기	천	부	지	증	계	수	식

(1) 땅속에 고여 있는 물. ⋯⋯⋯⋯⋯⋯⋯⋯⋯⋯⋯⋯⋯⋯⋯⋯ ☐ 하 ☐

(2) 어떤 물질이 액체 상태에서 기체 상태로 변함. 또는 그런 현상. ⋯⋯⋯ ☐ 발

(3) 한 부분. 또는 전체 중의 얼마. ⋯⋯⋯⋯⋯⋯⋯⋯ 일 ☐

(4) 먹을 물. 또는 먹을 수 있는 물. ⋯⋯⋯⋯⋯⋯⋯ ☐ 수

(5) 강과 시내. ⋯⋯⋯⋯⋯⋯⋯⋯⋯⋯⋯⋯⋯⋯⋯⋯⋯ 하 ☐

(6) 물이 흐르는 골짜기. ⋯⋯⋯⋯⋯⋯⋯⋯⋯⋯⋯⋯ ☐ 곡

02 초성을 참고하여 빈 곳에 알맞은 낱말을 쓰세요.

(1) ㅈ ㅎ ㅅ : 심한 가뭄 때문에 땅속의 _____ 까지 바싹 말랐어요.

(2) ㅅ ㅅ : 이 마을은 우물물을 사람들이 마시는 _____ 로 사용해요.

(3) ㅎ ㅊ : 비가 너무 많이 와서 마을의 _____ 이 넘쳤어요.

03 밑줄 친 낱말이 바르게 쓰인 것을 모두 찾아 ✔ 하세요.

(1) 맑은 물이 **계곡**을 따라 흘러내려요. ☐

(2) 얼음이 **증발**해서 물이 되었어요. ☐

(3) 지진으로 건물 **일부**가 무너졌어요. ☐

물의 순환

　지구에서 물은 높은 곳에서 낮은 곳으로 흘러요. 높은 산의 계곡에서 흘러내린 물은 여러 하천을 거쳐 바다로 계속 흘러 들어가지요. 이렇게 지구를 끊임없이 흐르는 물은 예나 지금이나 그 양에 큰 변화가 없어요. 왜 그럴까요?

　햇볕이 내리쬐면 바닷물은 물론이고, 땅과 호수, 강 등에 있는 물은 증발해 수증기가 되어요. 식물이 빨아들인 물도 잎을 통해 증발하여 수증기가 되지요.

　공기 중의 수증기는 따뜻한 공기에 섞여 하늘 높이 올라가요. 그리고 차가운 공기를 만나 작은 물방울로 변해 구름이 되지요. 공기가 아주 차가우면 구름 속 작은 물방울은 얼어서 작은 얼음 알갱이가 되기도 해요.

　구름은 바람을 타고 지구 곳곳으로 이동해요. 그러다가 구름 속 물방울이나 얼음 알갱이가 무거워지면 비나 눈이 되어 내려요. 비나 눈은 바다로 곧바로 내리거나 땅에 내려요. 땅에 내린 비나 눈은 계곡이나 하천 등으로 흘러들어 바다로 흘러가요. 일부는 땅속으로 스며들어 지하수가 되기도 하고, 동물의 식수로 쓰이거나 식물이 빨아들였다가 증발하여 수증기가 되지요. 이렇게 지구상에서 물은 상태가 바뀌면서 끊임없이 돌고 도는데, 이러한 과정을 '물의 순환'이라고 해요. 지구에 있는 물의 양이 크게 변하지 않는 것은 물이 순환하기 때문이지요. 이러한 물의 순환은 지구 생명체들이 생명을 유지하고 살아갈 수 있도록 해 주어요.

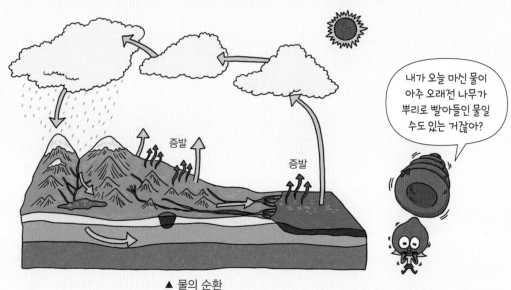

▲ 물의 순환

01 지구를 흐르는 물에 대한 설명이 맞으면 ○, 틀리면 ✕ 하세요.

(1) 물은 높은 곳에서 낮은 곳으로 흘러요.   (   )

(2) 물은 여러 하천을 거쳐 바다로 계속 흘러 들어가요.   (   )

(3) 현재 지구를 흐르는 물의 양은 옛날보다 많이 줄어들었어요.   (   )

02 지구상에서 물이 상태가 바뀌면서 끊임없이 돌고 도는 과정을 무엇이라고 하는지 쓰세요.

물의 [   ]

03 물의 순환 과정에 대한 글을 읽고, 빈 곳에 알맞은 말을 보기 에서 찾아 쓰세요.

보기   구름   비   바다   증발

바다와 땅, 호수, 강 등에서 물이 _____ 해요. ➡ 공기 중의 수증기가 하늘 높이

올라가 _____이 되어요. ➡ 구름이 바람을 타고 이동하다가 _____나 눈이

되어 바다나 땅에 내려요. ➡ 땅에 내린 비나 눈은 계곡이나 하천 등으로 흘러들어

_____로 흘러가요.

04 물의 순환에 대한 설명으로 틀린 것을 고르세요. (   )

① 식물이 빨아들인 물은 잎을 통해 증발해서 수증기가 되어요.

② 땅에 내린 비나 눈은 지하수가 되기도 해요.

③ 물이 순환하면 지구에 있는 물의 양은 점점 많아져요.

④ 물의 순환은 지구 생명체들이 생명을 유지하고 살아갈 수 있도록 해 주어요.

가파르다 경사가 심하게 기울어져 있다.

완만하다 기울어진 상태나 정도가 가파르지 않다.

삼각주 강과 바다가 만나는 곳에 모래나 흙이 쌓여 이루어진 편평한 지형.

상류 흐르는 강이나 냇물의 윗부분.

해안 바다와 육지가 맞닿은 곳.

01 뜻에 알맞은 낱말을 찾아 선으로 이으세요.

(1) 바다와 육지가 맞닿은 곳. • • ㉠ 삼각주

(2) 기울어진 상태나 정도가 가파르지 않다. • • ㉡ 해안

(3) 경사가 심하게 기울어져 있다. • • ㉢ 가파르다

(4) 강과 바다가 만나는 곳에 모래나 흙이 쌓여 이루어진 편평한 지형. • • ㉣ 상류

(5) 흐르는 강이나 냇물의 윗부분. • • ㉤ 완만하다

02 빈칸에 알맞은 글자를 모두 찾아 ○ 하세요.

(1) 태풍 때문에 거대한 파도가 □□에 있는 도로를 덮쳤어요.

바   해   람   안

(2) 강물은 □□에서 하류로 흘러 내려가요.

상   정   총   류

03 밑줄 친 낱말을 바르게 사용한 친구를 모두 찾아 ○ 하세요.

언덕의 경사가 심하지 않고 **가파르면** 쉽게 올라갈 수 있어.

핫또야

산길이 험하지 않고 **완만하면** 걷기에 좋아.

소라

삼각주는 하늘에서 보면 삼각형 모양이야.

또띠

땅의 모습을 바꾸는 물

　땅은 모습이 늘 그대로인 것 같지만, 우리가 알지 못하는 사이에 조금씩 달라져요. 흐르는 물이 오랜 시간 동안 땅을 깎고 흙과 돌 등을 나르고 쌓으면서 땅의 모습을 서서히 바꾸기 때문이지요.

　흐르는 물이 땅의 모습을 바꾸기 시작하는 곳은 강의 상류예요. 강의 상류는 강폭이 좁고 바닥의 경사가 급해서 강물이 빠르게 흘러요. 그러면서 세찬 물살이 주변 땅을 깎아 내지요. 이렇게 흐르는 물이나 바람 등에 의해 땅의 바위나 돌, 흙 등이 깎여 나가는 것을 '침식 작용'이라고 해요. 강의 상류에서 볼 수 있는 가파른 브이(V)자 계곡은 오랫동안 계속된 강물의 침식 작용으로 만들어진 것이에요.

　상류의 강물은 하류 쪽으로 흐르면서 침식 작용으로 깎인 돌과 흙 등을 운반해요. 주로 크고 무거운 돌들은 상류 쪽에, 작고 가벼운 돌과 흙 등은 하류 쪽에 운반되어 쌓이지요. 이렇게 흐르는 물이나 바람 등에 의해 운반된 돌이나 흙이 쌓이는 것을 '퇴적 작용'이라고 해요.

　강의 하류는 강폭이 넓고 바닥의 경사가 완만해서 강물이 천천히 흘러요. 그러면서 강물이 운반한 흙이나 모래 등이 쌓여요. 특히 강과 바다가 만나는 곳에는 모래와 흙이 삼각형 모양으로 넓게 쌓여 삼각주가 만들어지지요.

　강뿐만 아니라 바다에서도 침식 작용과 퇴적 작용이 일어나요. 파도의 침식 작용으로 해안 절벽이 만들어지거나 바위에 구멍이 뚫리기도 하고, 바닷물의 퇴적 작용으로 고운 흙이나 모래 등이 쌓여 모래 해변이나 갯벌 등이 만들어진답니다.

> 파도가 바위를 뚫어 버렸어.

▲ 침식 작용으로 만들어진 바위와 절벽

01 글을 읽고, 빈 곳에 알맞은 말을 쓰세요.

> 흐르는 _____ 이 오랜 시간 동안 땅을 깎고 흙과 돌 등을 나르고 쌓으면서 땅의 모습이 서서히 바뀌어요.

02 무엇에 대한 설명인지 찾아 선으로 이으세요.

(1) 흐르는 물이나 바람 등에 의해 땅의 바위나 돌, 흙 등이 깎여 나가는 것　　　　　•　　　　　• ㉠ **퇴적 작용**

(2) 흐르는 물이나 바람 등에 의해 운반된 돌이나 흙이 쌓이는 것　　　　　•　　　　　• ㉡ **침식 작용**

03 강의 상류에 대한 설명이면 '상류', 강의 하류에 대한 설명이면 '하류'에 ○ 하세요.

(1) 강폭이 넓고 바닥의 경사가 완만해요.　　　　　　[상류 | 하류]

(2) 세찬 물살이 주변 땅을 깎아 내요.　　　　　　　[상류 | 하류]

(3) 강폭이 좁고 바닥의 경사가 급해요.　　　　　　　[상류 | 하류]

(4) 강물이 천천히 흐르면서 흙이나 모래 등이 쌓여요.　[상류 | 하류]

04 침식 작용과 퇴적 작용에 대한 설명으로 맞는 것을 모두 고르세요. (　　　,　　　)

① 브이(V)자 계곡은 오랫동안 계속된 강물의 퇴적 작용으로 만들어져요.

② 강과 바다가 만나는 곳에는 삼각주가 만들어져요.

③ 바다에서는 침식 작용만 일어나요.

④ 해안 절벽은 파도의 침식 작용으로 만들어져요.

궤도 사물이 따라서 움직이는 정해진 길.

디디다 발을 올려놓고 서거나 발로 내리누르다.

우주인 우주를 비행할 수 있도록 훈련을 받은 사람.

착륙 비행기 등이 공중에서 땅에 내림.

천체 우주에 있는 모든 물체.

충돌 서로 세게 맞부딪치거나 맞섬.

01 뜻에 알맞은 낱말을 보기에서 찾아 (   ) 안에 기호를 쓰세요.

보기   ㉠ 착륙   ㉡ 충돌   ㉢ 궤도   ㉣ 천체   ㉤ 우주인   ㉥ 디디다

(1) 우주를 비행할 수 있도록 훈련을 받은 사람.   (   )

(2) 우주에 있는 모든 물체.   (   )

(3) 발을 올려놓고 서거나 발로 내리누르다.   (   )

(4) 서로 세게 맞부딪치거나 맞섬.   (   )

(5) 사물이 따라서 움직이는 정해진 길.   (   )

(6) 비행기 등이 공중에서 땅에 내림.   (   )

02 빈칸에 알맞은 낱말을 찾아 선으로 이으세요.

(1) ☐ 망원경으로 별의 움직임을 관측했어요.   •   •   ㉠ 우주인

(2) 달 탐사를 갔던 ☐들이 우주선을 타고 지구로 돌아왔어요.   •   •   ㉡ 천체

(3) 우주에서 인공위성은 ☐를 따라 지구 주위를 돌아요.   •   •   ㉢ 궤도

(4) 축구 시합에서 선수들끼리 ☐하는 사고가 일어났어요.   •   •   ㉣ 충돌

03 (   ) 안에서 알맞은 낱말을 골라 ○ 하세요.

(1) 세계 최초로 달 표면에 (착석 | 착륙)한 우주선은 미국의 아폴로 11호예요.

(2) 동생이 계단에서 발을 잘못 (디뎌서 | 더뎌서) 넘어졌어요.

지구 주위를 도는 달

달은 지구에서 밤하늘을 보았을 때 가장 커 보이는 천체예요. 달이 지구 주위를 가까이에서 돌고 있기 때문이에요. 그래서 달의 표면은 맨눈으로도 관찰이 가능해요.

달에서 밝은 부분이 지형이 높고 험한 곳이래.

▲ 달

달은 지구처럼 둥근 모양으로, 달의 표면에는 밝은 부분과 어두운 부분이 있어요. 밝은 부분을 '달의 육지'라고 부르고 어두운 부분을 '달의 바다'라고 부르는데, 실제로 달의 바다에는 물이 없어요.

달을 천체 망원경으로 관찰하면 달의 표면에서 울퉁불퉁한 면과 매끈매끈한 면을 볼 수 있어요. 달의 표면에서 울퉁불퉁한 면은 지형이 높고 험한 곳으로, 밝은 부분인 달의 육지예요. 또 매끈매끈한 면은 지형이 낮고 편평한 곳으로, 어두운 부분인 달의 바다이지요. 달에는 크고 작은 구덩이들도 많이 보이는데, 이것들은 우주에 떠도는 천체가 달 표면에 충돌해서 생긴 충돌 구덩이예요.

지구에서 우리가 보는 달의 모습은 달의 한쪽 면으로, 늘 같은 쪽이에요. 지구에서 보이는 달의 표면을 '달의 앞면'이라고 하고, 반대쪽을 '달의 뒷면'이라고 해요. 달의 뒷면은 충돌 구덩이로 뒤덮여 있어요. 1968년 우주선 아폴로 8호를 탄 우주인들이 달 궤도를 돌면서 달의 뒷면을 최초로 보았지요.

달은 인류가 발을 디딘 유일한 천체예요. 우주선을 타고 달의 표면에 착륙한 우주인들이 본 달의 모습은 어떨까요? 달의 하늘에는 구름도 없고 낮에도 검은색이에요. 달에는 공기가 없어서 생명체가 살지 않으며, 바람도 불지 않고 비도 내리지 않아 침식 작용도 일어나지 않지요. 그래서 우주인들이 달 표면에 남긴 발자국은 오랜 시간이 지나도 없어지지 않고 그대로 남아 있어요. 만약 미래에 여러분이 달로 여행을 간다면 그 발자국을 볼 수 있을 거예요.

01 달에 대한 글을 읽고, 알맞은 말에 ○ 하세요.

> 지구의 밤하늘에서 달이 가장 (커 | 작아) 보이는 것은 달이 언제나 (태양 | 지구)
> 주위를 가까이에서 돌고 있기 때문이에요.

02 달의 표면에 대해 바르게 말한 친구를 모두 찾아 ○ 하세요.

달은 둥근
모양이야.
롱이

달의 표면에는 밝은
부분과 어두운 부분이
있어.
빵이

달의 표면은
울퉁불퉁하지 않고
매끈해.
꽈리

달에도 지구처럼
물이 찰랑이는
바다가 있다고.
핫또야

03 빈칸에 알맞은 말이 차례대로 묶인 것을 고르세요. (   )

> "
> • 지구에서 보이는 달의 표면을 달의 ☐, 반대쪽을 달의 ☐이라고 해요.
> • 달의 ☐은 충돌 구덩이로 뒤덮여 있어요.
> "

① 앞면 – 뒷면 – 앞면   ② 뒷면 – 앞면 – 앞면

③ 뒷면 – 앞면 – 뒷면   ④ 앞면 – 뒷면 – 뒷면

04 달에 대한 설명이 맞으면 ○, 틀리면 ✕ 하세요.

> (1) 달의 충돌 구덩이는 물 때문에 생겼어요.   (   )
>
> (2) 달의 하늘에는 구름이 없고 낮에도 검은색이에요.   (   )
>
> (3) 달에는 공기는 있지만 생명체가 살지 않아요.   (   )
>
> (4) 달에는 바람이 많이 불어 침식 작용이 일어나요.   (   )

뜻에 알맞은 낱말을 빈칸에 쓰고, 그 낱말이 되도록 글자를 모두 찾아 ◯으로 묶으세요.

① 바다와 하늘이 맞닿아 경계를 이루는 선.

② 바다로 둘러싸인 크고 넓은 땅.

③ 땅의 생긴 모양.

④ 어떤 물질이 액체 상태에서 기체 상태로 변함.

⑤ 바다와 육지가 맞닿은 곳.

⑥ 흐르는 강이나 냇물의 윗부분.

⑦ 사물이 따라서 움직이는 정해진 길.

⑧ 우주에 있는 모든 물체.

궤

증
발

지
형
류
도

수
대
상

천
평
류

체
선
안
해

길을 따라가면서 글의 내용이 맞으면 '예', 틀리면 '아니요'에 ○ 하세요.
그런 다음 ○를 한 것과 짝 지어진 수를 모두 더해 빈칸에 쓰세요.

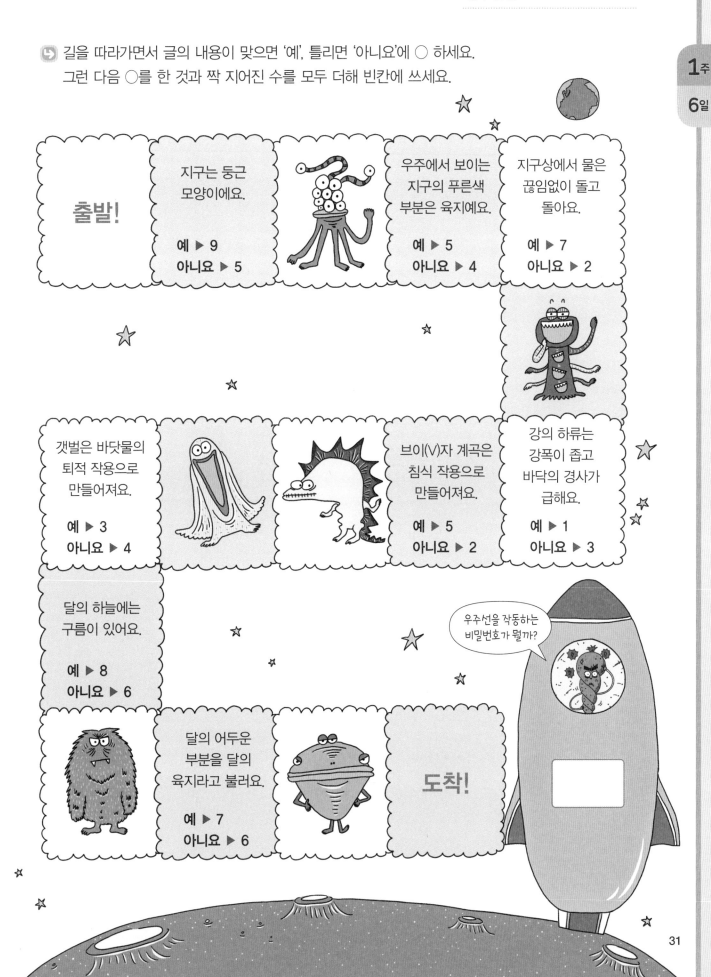

출발!

지구는 둥근
모양이에요.

예 ▶ 9
아니요 ▶ 5

우주에서 보이는
지구의 푸른색
부분은 육지예요.

예 ▶ 5
아니요 ▶ 4

지구상에서 물은
끊임없이 돌고
돌아요.

예 ▶ 7
아니요 ▶ 2

강의 하류는
강폭이 좁고
바닥의 경사가
급해요.

예 ▶ 1
아니요 ▶ 3

갯벌은 바닷물의
퇴적 작용으로
만들어져요.

예 ▶ 3
아니요 ▶ 4

브이(V)자 계곡은
침식 작용으로
만들어져요.

예 ▶ 5
아니요 ▶ 2

달의 하늘에는
구름이 있어요.

예 ▶ 8
아니요 ▶ 6

달의 어두운
부분을 달의
육지라고 불러요.

예 ▶ 7
아니요 ▶ 6

도착!

우주선을 작동하는
비밀번호가 뭘까?

2주 지구 2

1일

어휘 | 단면, 암석, 침식, 퇴적, 층층이, 하류
독해 | 쌓이고 쌓여서 만들어진 지층

2일

어휘 | 구성, 굳어지다, 생성, 시멘트, 지표면, 퇴적물
독해 | 퇴적물이 굳어서 만들어진 퇴적암

3일

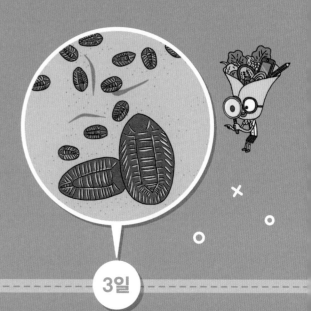

어휘 | 고사리, 몸체, 삼엽충, 생물, 지각, 흔적
독해 | 지구 생명의 역사를 알려 주는 화석

5일

어휘 | 규모, 사방, 지진파, 진원, 축대, 쓰나미
독해 | 흔들리는 땅

4일

어휘 | 분출, 분화구, 온천, 움푹, 하강, 한반도
독해 | 폭발하는 화산

6일

복습
교과서 속 책 읽기

단면 물체를 잘랐을 때 나오는 면.

암석 지구 겉쪽의 단단한 부분을 이루는 큰 바위.

사과를 반으로 자르면 나오는 단면이야.

이건 오렌지 단면.

겉모양과는 다르게 생겼네.

온 사방이 암석이야.

그러네. 산이 온통 단단한 암석으로 뒤덮여 있어.

탁, 탁!

침식 비, 하천, 빙하, 바람 등의 자연 현상이 땅이나 돌 등을 깎는 일.

퇴적 흙이나 죽은 생물의 뼈 등이 물이나 바람 등에 의해 운반되어 일정한 곳에 쌓이는 일.

이쪽은 강물이 세차게 흘러서 땅을 깎아 내는 침식이 일어나.

퇴적된 부분

퇴적된 부분

침식된 부분

이쪽은 물이 천천히 흘러 자갈과 모래 등이 쌓이는 퇴적이 일어나.

침식된 부분

침식된 부분

퇴적된 부분

층층이 여러 층으로 겹겹이 쌓인 모양.

하류 강이나 내의 아래쪽 부분.

큰 돌을 층층이 쌓아 성벽을 높게도 쌓았네!

우아~!

여기 강 하류는 상류보다 강폭이 확실히 넓어.

고운 흙이나 모래 등도 많이 쌓여서 우리가 쉴 곳도 많아.

01 낱말에 대한 설명이 맞으면 ○, 틀리면 ✕ 하세요.

(1) '층층이'는 여러 층으로 겹겹이 쌓인 모양을 말해요.   (   )

(2) '단면'은 물체를 잘랐을 때 나오는 면을 말해요.   (   )

(3) '하류'는 강이나 내의 위쪽 부분을 말해요.   (   )

(4) '퇴적'은 흙이나 죽은 생물의 뼈 등이 물이나 바람 등에 의해
    없어지는 것을 말해요.   (   )

(5) '암석'은 지구 안쪽을 이루는 뜨거운 고체를 말해요.   (   )

(6) '침식'은 비, 하천, 빙하, 바람 등의 자연 현상이 땅이나 돌 등을
    깎는 일을 말해요.   (   )

02 (   ) 안에 알맞은 낱말을 보기 에서 찾아 기호를 쓰세요.

보기   ㉠ 암석   ㉡ 침식   ㉢ 단면

(1) 이 골짜기는 세찬 강물에 깎여 나가 (   )이 된 지형이에요.

(2) 검은색 돌인 현무암은 화산 활동으로 만들어진 (   )이에요.

(3) 나무줄기를 가로로 자른 (   )을 보면 나이테가 있어요.

03 [   ] 안에서 알맞은 낱말을 골라 ○ 하세요.

(1) 바람에 날려 온 모래가 바닷가에 쌓여 [퇴장 | 퇴적]이 되었어요.

(2) 강의 아래쪽인 [상류 | 하류]는 강폭이 넓고 강물이 천천히 흘러요.

(3) 나무 블록을 [층층이 | 널찍이] 높게 쌓아 탑을 만들었어요.

쌓이고 쌓여서 만들어진 지층

빵 사이에 여러 가지 재료를 차곡차곡 넣어 샌드위치를 만들고 반으로 잘라 보세요. 재료들이 층층이 쌓인 샌드위치 단면이 가로로 긴 줄무늬처럼 보일 거예요. 샌드위치의 재료에 따라 줄무늬를 이루는 층의 색깔과 두께가 다르지요.

우리가 강이나 산의 절벽에서 흔히 볼 수 있는 지층도 이런 모습이에요. '지층'은 자갈, 모래, 진흙 등으로 이루어진 암석들이 층을 이루고 있는 것을 말해요. 샌드위치 단면처럼 지층에는 줄무늬가 보이며, 층을 이루는 암석의 종류에 따라 층의 모양과 색깔, 두께 등도 달라요.

이러한 지층은 어떻게 만들어질까요? 먼저 침식 작용으로 깎여 나온 자갈, 모래, 진흙 등이 흐르는 물에 운반되어 강 하류나 바다 밑바닥에 퇴적되어요. 그 위에 자갈, 모래, 진흙 등이 계속 쌓이면 먼저 쌓인 것들이 눌려요. 그리고 오랜 시간이 지나면 쌓인 자갈과 모래, 진흙 등이 단단해지면서 지층이 만들어져요. 지층이 만들어지는 과정을 보면, 아래에 있는 층이 위에 있는 층보다 먼저 만들어졌다는 것을 알 수 있어요.

지층은 모양에 따라 수평인 지층, 휘어진 지층, 끊어진 지층 등이 있어요. 수평인 지층은 아래에서부터 층이 수평으로 쌓인 모양이에요. 수평인 지층이 지구 내부의 힘을 받으면 휘어진 지층과 끊어진 지층이 되어요. 휘어진 지층은 구불구불 물결 모양이며, 끊어진 지층은 아래위로 어긋나 한쪽은 올라가고 다른 한쪽은 내려간 모양이에요.

강 하류나 바다 밑바닥에서 만들어진 지층은 땅 위로 솟아오른 뒤 침식 작용으로 깎이면 밖으로 드러나요. 산에서 지층을 본다면 그곳은 아주 먼 옛날에 강이나 바다 밑바닥이었다는 뜻이에요.

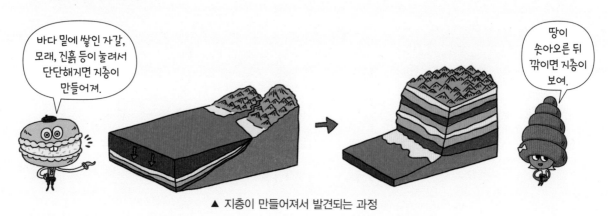

▲ 지층이 만들어져서 발견되는 과정

2주

1일

01 글을 읽고, 빈 곳에 알맞은 말을 쓰세요.

_____은 자갈, 모래, 진흙 등으로 이루어진 암석들이 층을 이루고 있는

것을 말해요.

02 지층이 만들어지는 순서대로 기호를 쓰세요.

⊙ 자갈, 모래, 진흙 등이 계속 쌓이면서 먼저 쌓인 것들이 눌려요.
ⓒ 자갈, 모래, 진흙 등이 물에 운반되어 강 하류나 바다 밑바닥에 퇴적되어요.
ⓒ 오랜 시간이 지나면 층층이 쌓인 자갈과 모래, 진흙 등이 단단해져요.

(→   →   )

03 어떤 지층에 대한 설명인지 (   ) 안에 알맞은 말을 보기 에서 찾아 기호를 쓰세요.

보기   ⊙ 끊어진 지층   ⓒ 휘어진 지층   ⓒ 수평인 지층

(1) (   )은 아래에서부터 층이 수평으로 쌓인 모양이야.

(2) (   )은 지구 내부의 힘을 받아 물결 모양이야.

(3) (   )은 아래위로 어긋나 한쪽은 올라가고 다른 한쪽은 내려간 모양이야.

04 지층에 대한 설명으로 맞는 것을 모두 고르세요. (,   )

① 지층에는 줄무늬가 보여요.

② 지층은 암석의 종류에 따라 층의 모양과 색깔은 다르지만, 두께는 모두 똑같아요.

③ 지층은 위에 있는 층이 아래에 있는 층보다 먼저 만들어졌어요.

④ 지층은 땅 위로 솟아오른 뒤 침식 작용으로 깎이면 밖으로 드러나요.

구성 몇 가지 부분이나 요소들을 모아서 일정한 전체를 짜 이룸.

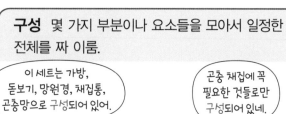

이 세트는 가방, 돋보기, 망원경, 채집통, 곤충망으로 구성되어 있어.

곤충 채집에 꼭 필요한 것들로만 구성되어 있네.

굳어지다 무르던 것이 단단하거나 딱딱하게 되다.

준비해 온 찰흙이 딱딱하게 굳어졌어. 어떡하지?

내 찰흙 같이 쓰자. 이건 굳어지지 않아 말랑말랑해.

생성 없던 사물이 새로 생겨남. 또는 사물이 생겨 이루어지게 함.

비, 바람, 식물의 뿌리 때문에 바위가 깨지고 부서져서

작은 돌과 모래가 되었다가 또 쪼개지고 부서지면

흙이 생성되는 거야.

바위

돌과 모래

흙

시멘트 건축이나 토목 등에서 물체를 붙이는 데 사용하는 가루.

벽돌에 뭘 바르는 거야?

시멘트! 이렇게 벽돌 사이에 시멘트를 발라야 벽돌끼리 딱 달라붙어.

지표면 지구나 땅의 겉면.

뜨거운 햇볕 때문에 지표면이 후끈후끈해.

너무 덥다!

땅에 물을 뿌려 열기를 좀 식혀야겠어.

퇴적물 흙이나 죽은 생물의 뼈 등이 물, 바람, 빙하 등에 의해 운반되어 땅의 표면에 쌓인 물질.

퇴적물은 자갈처럼 알갱이가 큰 것부터 아래에 쌓여.

바다 아래에 퇴적물이 쌓인 것 좀 봐.

진흙

모래

자갈

01 낱말과 그 뜻이 바르게 짝 지어진 것을 모두 찾아 ✔ 하세요.

(1) 생성 – 없던 사물이 새로 생겨남. 또는 사물이 생겨 이루어지게 함.

(2) 퇴적물 – 흙이나 죽은 생물의 뼈 등이 물, 바람, 빙하 등에 의해 운반되어 땅의 표면에 쌓인 물질.

(3) 굳어지다 – 단단하거나 딱딱한 것이 무르게 되다.

(4) 시멘트 – 건축이나 토목 등에서 달라붙은 물체를 떼는 데 사용하는 가루.

(5) 지표면 – 지구나 땅의 안쪽.

(6) 구성 – 몇 가지 부분이나 요소들을 모아서 일정한 전체를 짜 이룸.

02 밑줄 친 낱말을 바르게 사용한 친구를 모두 찾아 ◯ 하세요.

밀가루에 물을 너무 많이 넣었더니 반죽이 **굳어졌어**.

빵이

강 하류에는 **퇴적물**이 잘 쌓여.

꽈리

벽돌에 **시멘트**를 발라 담장을 튼튼하게 쌓았어.

롱이

03 빈칸에 알맞은 글자를 모두 찾아 ◯ 하세요.

(1) 이 책은 내용이 만화로 ☐☐되어 있어요.

| 구 | 고 | 소 | 성 |

(2) 바람을 이용하여 전기 에너지를 ☐☐했어요.

| 존 | 생 | 명 | 성 |

(3) 화산에서 흘러내린 용암이 ☐☐☐을 뒤덮었어요.

| 지 | 표 | 해 | 면 |

퇴적물이 굳어서 만들어진 퇴적암

우리가 산이나 들에서 흔히 볼 수 있는 암석은 대부분 퇴적암이에요. 지표면을 덮고 있는 암석 가운데 퇴적암이 가장 많기 때문이에요.

'퇴적암'은 물이 운반한 자갈, 모래, 진흙 같은 퇴적물이 오랜 시간 동안 굳어져 생성된 암석이에요. 지층이 바로 이 퇴적암으로 이루어져 있지요.

역암에는 자갈들이 박혀 있어.

이암   사암   역암

▲ 퇴적암

퇴적암은 암석을 구성하는 알갱이의 크기에 따라 이암, 사암, 역암으로 나뉘어요. 이암은 알갱이가 매우 작은 진흙으로 이루어진 퇴적암이에요. 보통 노란색이고, 만지면 부드러워요. 사암은 진흙보다 알갱이가 큰 모래로 이루어진 퇴적암으로, 보통 회색이나 갈색이고 표면이 약간 거칠어요. 역암은 주로 모래와 모래보다 알갱이가 큰 자갈로 이루어진 퇴적암이에요. 보통 진한 회색이나 진한 황토색을 띠고 겉모양이 울퉁불퉁하지요.

그런데 아무리 뭉쳐도 금세 부서지고 마는 모래나 자갈이 어떻게 퇴적암이 되는 걸까요? 퇴적물이 강이나 바다 밑바닥에 계속 쌓이면, 아래쪽에 쌓인 퇴적물은 위쪽에 쌓인 퇴적물의 무게에 눌려요. 그러면서 퇴적물 알갱이 사이의 공간이 좁아지는데, 그 공간에 여러 가지 물질이 들어가 시멘트처럼 알갱이들을 서로 붙여 퇴적암이 되는 거예요. 이런 일에는 적어도 1만 년 이상이라는 아주 오랜 시간이 걸리지요.

강이나 바다 밑바닥에서 만들어진 퇴적암은 오랜 세월이 지나면 지표면으로 드러나요. 그리고 침식 작용으로 자갈, 모래, 진흙 등으로 쪼개지고, 물에 실려 운반되었다가 다시 퇴적되어 퇴적암이 되지요. 이렇게 암석도 물처럼 끊임없이 부서졌다 암석으로 다시 만들어지기를 반복하는 순환을 해요.

01 물이 운반한 자갈, 모래, 진흙 같은 퇴적물이 오랜 시간 동안 굳어져 생성된 암석을 무엇이라고 하는지 쓰세요.

02 각 퇴적암을 구성하는 알갱이의 종류를 찾아 선으로 이으세요.

(1) 역암   •   • ㉠ 모래

(2) 이암   •   • ㉡ 진흙

(3) 사암   •   • ㉢ 모래와 자갈

03 퇴적암이 만들어지는 과정에 대한 글을 읽고, 알맞은 말에 ○ 하세요.

> 퇴적물이 계속 쌓이면, (아래쪽 | 위쪽)에 쌓인 퇴적물이 (아래쪽 | 위쪽)에 쌓인 퇴적물의 무게에 눌리면서 퇴적물 알갱이 사이의 공간이 (좁아져요 | 넓어져요). 그 공간에 여러 가지 물질이 들어가 알갱이들을 서로 붙이고 오랜 시간이 지나면 퇴적암이 되어요.

04 퇴적암에 대한 설명이 맞으면 ○, 틀리면 ✕ 하세요.

(1) 산이나 들에서 흔히 볼 수 있는 암석은 대부분 퇴적암이에요.   (   )

(2) 이암, 사암, 역암 가운데 이암의 알갱이가 가장 커요.   (   )

(3) 퇴적암은 오랜 세월이 지나면 바다 밑으로 가라앉아요.   (   )

(4) 암석은 끊임없이 부서졌다 암석으로 다시 만들어지기를 반복하는 순환을 해요.   (   )

고사리 꼭대기가 꼬불꼬불하게 말려 돋아나는 어린잎을 나물로 만들어 먹는 풀.

몸체 팔, 다리 등을 제외한 생물의 몸 부분.

삼엽충 고생대에 바다에 살던, 몸과 다리가 여러 개의 마디로 이루어진 동물.

생물 생명이 있는 동물과 식물과 미생물.

지각 지구의 바깥쪽을 차지하는 부분.

흔적 사물이나 현상이 없어지거나 지나간 뒤에 남겨진 것.

01 뜻에 알맞은 낱말을 **보기** 에서 찾아 (   ) 안에 기호를 쓰세요.

보기 ㉠ 지각   ㉡ 고사리   ㉢ 흔적   ㉣ 삼엽충   ㉤ 생물   ㉥ 몸체

(1) 생명이 있는 동물과 식물과 미생물.   (   )

(2) 사물이나 현상이 없어지거나 지나간 뒤에 남겨진 것.   (   )

(3) 꼭대기가 꼬불꼬불하게 말려 돋아나는 어린잎을 나물로 만들어 먹는 풀. (   )

(4) 팔, 다리 등을 제외한 생물의 몸 부분.   (   )

(5) 고생대에 바다에 살던, 몸과 다리가 여러 개의 마디로 이루어진 동물. (   )

(6) 지구의 바깥쪽을 차지하는 부분.   (   )

02 초성을 참고하여 빈 곳에 알맞은 낱말을 쓰세요.

(1) ㅈ ㄱ : 지구의 바깥쪽을 구성하는 _____ 아래에는 맨틀이 있어요.

(2) ㄱ ㅅ ㄹ : 끝이 말려 있는 _____ 어린잎을 나물로 만들어 먹었어요.

(3) ㅅ ㅇ ㅊ : _____ 은 고생대에 바다에서 살았던 동물이에요.

03 빈칸에 알맞은 낱말이 되도록 **보기** 에서 글자를 모두 찾아 쓰세요.

보기   흔   몸   생   적   물   체

(1) 하얀 눈밭에 사람이 걸어간 [   ][   ]이 있어요.

(2) 복어는 놀라면 [   ][   ]를 크게 부풀려요.

(3) 붕어, 올챙이, 개구리밥 등은 물에 사는 [   ][   ]이에요.

지구 생명의 역사를 알려 주는 화석

자연이 기록한 지구 생명의 역사가 있어요. 바로 지층 속에 남아 있는 화석이에요.

'화석'은 아주 오랜 옛날에 살았던 생물의 몸체나 생물이 살았던 흔적이 지층 속에 남아 있는 것을 말해요. 공룡의 뼈나 발자국 화석처럼 동물이 남긴 것도 있고, 고사리 화석처럼 식물이 남긴 것도 있지요.

화석은 지층이 만들어질 때 생성되어요. 죽은 생물이 바다나 호수 밑바닥에 퇴적되고, 그 위로 물에 운반된 퇴적물이 오랜 시간 동안 계속 쌓여 단단해지면 지층이 만들어져요. 그동안 지층에 묻힌 죽은 생물은 화석이 되지요. 그러다가 지각 변동 등으로 지층이 높이 솟아오르고, 침식 작용으로 지층이 깎이면 화석이 드러나요.

우리는 화석을 통해 과거 생물의 생김새나 생활 모습을 알 수 있어요. 공룡알 화석을 통해 공룡이 알을 낳는 동물이라는 것을 알 수 있지요. 또 화석을 통해 과거 생물이 살았던 순서도 알 수 있어요. 지층은 아래층이 위층보다 먼저 생기는데, 삼엽충 화석이 아래층에서 발견되고 공룡 화석이 위층에서 발견되는 것을 보고 삼엽충이 공룡보다 먼저 살았다는 것을 알 수 있지요.

화석을 통해 과거 생물이 살았던 시기의 기후도 알 수 있어요. 고사리는 따뜻하고 습한 기후에서 사는 식물이에요. 따라서 어떤 지역에서 고사리 화석이 발견되었다면 그 지역은 과거에 따뜻하고 습한 곳이었다는 것을 알 수 있어요. 과학자들은 화석에서 이런 정보들을 수집하고 연구해 지구 생명의 역사를 알아낸답니다.

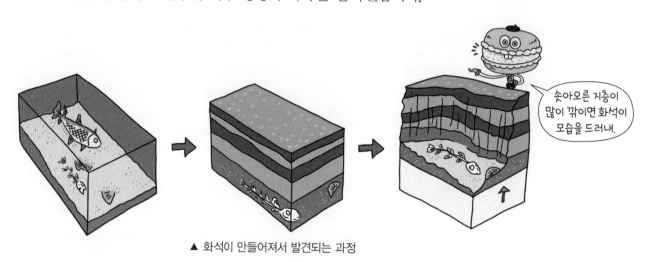

솟아오른 지층이 많이 깎이면 화석이 모습을 드러내.

▲ 화석이 만들어져서 발견되는 과정

01 글을 읽고, 무엇에 대한 설명인지 고르세요. (   )

> 아주 오랜 옛날에 살았던 생물의 몸체나 생물이 살았던 흔적이 지층 속에 남아 있는 것이에요.

① 퇴적암   ② 시멘트   ③ 화석   ④ 지표면

02 화석이 만들어져서 발견되는 과정의 순서대로 기호를 쓰세요.

> ㉠ 지층에 묻힌 죽은 생물이 화석이 되어요.
> ㉡ 지층이 솟아오르고, 침식 작용으로 지층이 깎이면 화석이 드러나요.
> ㉢ 죽은 생물이 바다나 호수 밑바닥에 퇴적되고, 그 위로 퇴적물이 계속 쌓여 지층이 만들어져요.

(→   →   )

03 화석을 통해 알 수 있는 내용으로 <u>틀린</u> 것을 고르세요. (   )

① 과거 생물의 생김새나 생활 모습

② 과거 생물이 살았던 순서

③ 과거 생물이 살았던 시기의 기후

④ 과거 생물이 살았던 바다의 깊이

04 화석에 대해 바르게 말한 친구를 모두 찾아 ○ 하세요.

화석은 지층이 만들어질 때 생성돼.

또띠

식물은 화석을 남기지 않아.

꽈리

화석은 지층의 위층에서 발견된 것보다 아래층에서 발견된 것이 먼저 생겼어.

핫또야

01 뜻에 알맞은 낱말이 되도록 글자를 모두 찾아 ○ 하세요.

(1) 가운데가 둥글게 푹 파이거나 들어간 모양.

| 신 | 움 | 폭 | 터 | 푹 |

(2) 액체나 기체가 세차게 뿜어져 나옴.

| 분 | 배 | 산 | 외 | 출 |

(3) 화산이 폭발할 때 가스, 수증기, 화산재, 용암 등이 내뿜어져 나오는 구멍.

| 사 | 분 | 장 | 화 | 구 |

(4) 아시아 대륙의 동북쪽 끝에 있는 반도. 우리나라 국토 전체를 포함한다.

| 서 | 한 | 반 | 국 | 도 |

(5) 지구 안에 있는 열로 뜨겁게 데워진 지하수가 솟아 나오는 샘.

| 온 | 수 | 천 | 개 | 실 |

(6) 높은 곳에서 아래로 향하여 내려옴.

| 승 | 층 | 하 | 상 | 강 |

02 빈칸에 알맞은 낱말이 차례대로 묶인 것을 고르세요. (   )

• 화산에서 용암이 [   ]되어 마을에 불이 났어요.

• 낙하산이 공중에서 아래로 천천히 [   ]했어요.

• 비가 많이 와서 도로 여기저기가 [   ] 파였어요.

① 움푹 – 하강 – 분출
② 분출 – 하강 – 움푹
③ 분출 – 움푹 – 하강
④ 움푹 – 분출 – 하강

03 밑줄 친 낱말을 바르게 사용한 친구를 모두 찾아 ○ 하세요.

태풍이 일본을 거쳐 우리나라 **한반도** 쪽으로 다가오고 있대.

롱이

분화구에서 시뻘건 용암이 흘러나오는 것 봤어?

소라

여름에는 시원한 물이 흐르는 **온천**이 최고야.

빵이

폭발하는 화산

한반도에서 가장 높은 산인 백두산과, 제주도에서 가장 높은 산인 한라산의 공통점은 무엇일까요? 바로 둘 다 화산이라는 점이에요. 꼭대기에는 움푹 파인 분화구도 있는데, 이것은 땅속의 마그마가 분출될 때 생긴 구덩이예요. 마그마는 땅속 깊은 곳에 있는 암석이 지구 내부의 열로 녹은 것으로, '화산'은 이 마그마가 지표면을 뚫고 분출하면서 만들어진 지형이에요.

화산이 분출하면 여러 가지 화산 분출물이 분화구에서 쏟아져 나와요. 여러 가지 기체가 섞여 있는 화산 가스가 뿜어져 나오고, 지표면을 따라 용암도 흘러내려요. 화산 주변에는 화산재와 화산 암석 조각들도 쌓이지요.

화산 활동으로 만들어진 암석을 '화성암'이라고 해요. 대표적인 화성암으로는 현무암과 화강암이 있어요. 현무암은 마그마가 지표면으로 나와 빠르게 식어 만들어진 암석으로, 알갱이가 작고 색깔이 어두워요. 겉에는 크고 작은 구멍이 뚫려 있는데, 마그마가 식을 때 가스 성분이 빠져나가면서 생긴 것이에요. 화강암은 마그마가 땅속 깊은 곳에서 천천히 식어 만들어진 암석이에요. 화강암은 알갱이가 크고 색깔이 밝지요.

화산 활동이 일어나면 용암 때문에 산불이 나거나 화산재가 주변 지역을 뒤덮는 등의 피해가 생겨요. 실제로 1815년 인도네시아 탐보라산의 화산 활동으로 화산재가 햇빛을 가려 지구 기온이 하강했고, 이 때문에 여러 지역에 흉년이 들었어요. 하지만 화산재는 땅을 기름지게 해 농사에 도움을 주기도 해요. 또 땅속의 높은 열은 온천 개발에 이용되는 등 화산 활동은 우리 생활에 이롭기도 해요.

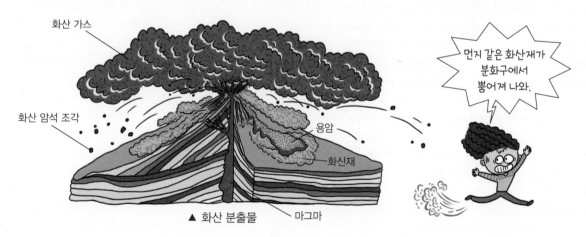

▲ 화산 분출물

01 마그마가 지표면을 뚫고 분출하면서 만들어진 지형을 무엇이라고 하는지 쓰세요.

02 화산 분출물을 모두 찾아 ○로 묶으세요.

화산 가스   용암   화산 암석 조각

화석   분화구   화산재

03 현무암에 대한 설명이면 '현무암', 화강암에 대한 설명이면 '화강암'에 ○ 하세요.

(1) 마그마가 지표면으로 나와 빠르게 식어 만들어졌어요.   현무암 | 화강암

(2) 마그마가 땅속 깊은 곳에서 천천히 식어 만들어졌어요.   현무암 | 화강암

(3) 알갱이가 크고 색깔이 밝아요.   현무암 | 화강암

(4) 알갱이가 작고 색깔이 어두우며, 겉에 크고 작은 구멍이 있어요.   현무암 | 화강암

04 화산에 대한 설명으로 맞는 것을 모두 고르세요. (,   )

① 화산의 분화구는 땅속의 마그마가 분출될 때 생긴 구덩이예요.

② 화산이 분출하면 지표면을 따라 용암이 흘러내려요.

③ 화산 활동으로는 암석이 만들어지지 않아요.

④ 화산 활동은 산불이 일어나고 화산재가 주변 지역을 뒤덮는 등의 피해만 주어요.

어휘

규모 물건이나 현상의 크기나 범위.

사방 둘레의 모든 곳.

지진파 지진이나 폭발 때문에 생겨서 퍼져 나가는 진동.

진원 땅속에서 가장 처음 지진이 발생한 지점.

축대 흙이나 돌 등을 높고 평평하게 쌓아 올린 것.

쓰나미 지진 때문에 갑자기 바닷물이 크게 일어서 육지로 넘쳐 들어오는 것.

01 ( ) 안에서 알맞은 낱말을 골라 ○ 하세요.

(1) (진원 | 진동): 땅속에서 가장 처음 지진이 발생한 지점.

(2) (규범 | 규모): 물건이나 현상의 크기나 범위.

(3) (지지대 | 축대): 흙이나 돌 등을 높고 평평하게 쌓아 올린 것.

(4) (지진파 | 전자파): 지진이나 폭발 때문에 생겨서 퍼져 나가는 진동.

(5) (전방 | 사방): 둘레의 모든 곳.

(6) (호우 | 쓰나미): 지진 때문에 갑자기 바닷물이 크게 일어서 육지로 넘쳐
들어오는 것.

02 빈칸에 알맞은 낱말을 찾아 선으로 이으세요.

(1) 이번 지진이 처음 일어난 곳인 [ ]을 찾았어요.

(2) 지진 때문에 발생한 [ ]로 바닷물이 바닷가 마을을 덮쳤어요.

(3) 지진이 발생하면 그 진동인 [ ]가 사방으로 퍼져 나가요.

㉠ 쓰나미

㉡ 지진파

㉢ 진원

03 밑줄 친 낱말이 바르게 쓰인 것을 모두 찾아 ✔ 하세요.

(1) 가을이 되니 **사방**이 단풍으로 물들었어요. [ ]

(2) 우리 집에서 도서관까지 걸어서 30분 **규모**예요. [ ]

(3) 기나긴 장마에 **축대**가 그만 무너졌어요. [ ]

흔들리는 땅

지구의 표면은 여러 개의 판으로 덮여 있어요. 판은 지각과 맨틀의 윗부분을 이루는 단단한 암석으로 이루어져 있지요. 판 아래에 있는 맨틀은 물렁물렁한 상태로 늘 움직이는데, 이 부분이 움직이면 판도 함께 움직여요. 그러다가 판끼리 서로 강하게 부딪치면 땅이 움직이거나 끊어지지요.

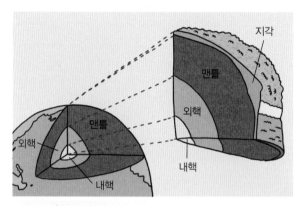

▲ 지구 내부의 모습

'지진'은 이렇게 땅이 지구 내부에서 작용하는 힘을 오랫동안 받아 끊어지면서 흔들리는 현상을 말해요. 바다에서 지진이 일어나면 큰 파도가 일어나 바닷가 마을을 덮치기도 하는데, 이것이 지진 해일, 즉 '쓰나미'예요.

지진은 주로 여러 개의 판이 서로 만나는 곳에서 일어나요. 땅속의 진원에서 지진이 처음 발생하면 지진파가 사방으로 퍼져 나가 땅 위까지 전달되지요. 지진파는 속도가 아주 빨라서 지진이 일어나면 거리가 먼 곳에서도 거의 동시에 진동을 느낄 수 있어요.

지진의 세기는 보통 규모로 나타내요. 규모의 숫자가 클수록 강한 지진이지요. 규모 3 정도의 지진은 민감한 사람만 느껴요. 규모 6 정도의 지진이 발생하면 벽에 금이 가거나 축대가 무너지지요. 규모 9 이상은 아주 강한 지진으로, 건물이 완전히 파괴되어요. 지진은 규모의 숫자가 1씩 증가할 때마다 강도가 약 30배씩 증가해요.

그러면 지진이 발생할 때는 어떻게 해야 할까요? 지진으로 진동이 느껴지면 일단 책상이나 식탁 아래에 들어가 머리와 몸을 보호하고, 진동이 멈추면 안전한 곳으로 대피해야 해요. 그리고 무엇보다도 장소와 상황에 알맞은 지진 대비 방법을 알아 두는 것이 중요하답니다.

01 빈칸에 공통으로 들어갈 알맞은 말을 쓰세요.

> 지구의 표면은 여러 개의 ☐으로 덮여 있어요. ☐은 아래에 있는 맨틀이
> 움직이면 함께 움직이는데, 이때 ☐끼리 서로 강하게 부딪치면 땅이 움직이거나
> 끊어져요.

02 글을 읽고, 빈 곳에 알맞은 말을 쓰세요.

> _____은 땅이 지구 내부에서 작용하는 힘을 오랫동안 받아 끊어지면서
>
> 흔들리는 현상이에요.

03 지진에 대한 설명이 맞으면 ○, 틀리면 ✕ 하세요.

(1) 바다에서 지진이 일어나면 쓰나미가 일어나기도 해요.　　　　　(　　　)

(2) 지진은 주로 여러 개의 판이 서로 만나는 곳에서 일어나요.　　　(　　　)

(3) 지진파는 속도가 아주 느려요.　　　　　　　　　　　　　　　（　　　）

(4) 지진이 일어나면 그 주변에서만 진동을 느낄 수 있어요.　　　　(　　　)

04 지진의 세기에 대한 설명으로 틀린 것을 모두 고르세요. (　　　,　　　)

① 지진의 세기는 보통 규모로 나타내요.

② 규모의 숫자가 클수록 약한 지진이에요.

③ 규모 9 이상의 지진은 건물이 완전히 파괴될 정도로 아주 강해요.

④ 지진은 규모의 숫자가 1씩 증가할 때마다 강도가 약 30배씩 감소해요.

친구들이 말하는 글자와 사다리를 타고 내려가서 만나는 글자를 모아 낱말을 완성하세요.
그리고 완성한 낱말에 해당하는 뜻을 보기 에서 찾아 (   ) 안에 번호를 쓰세요.

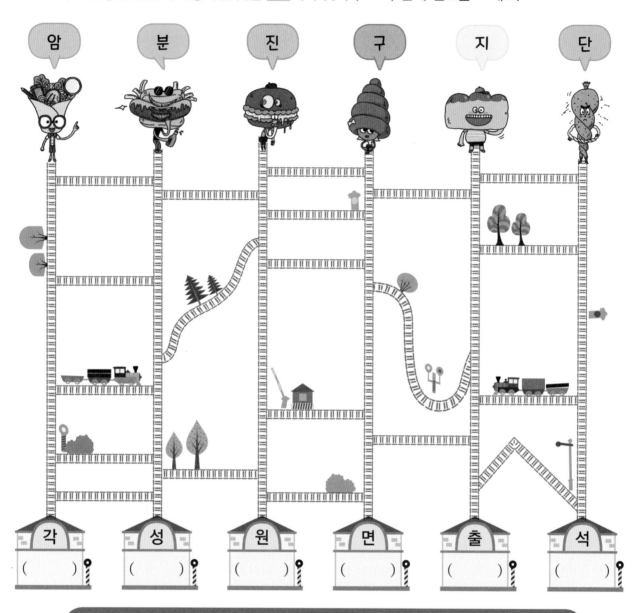

보기
① 물체를 잘랐을 때 나오는 면.
② 지구 겉쪽의 단단한 부분을 이루는 큰 바위.
③ 몇 가지 부분이나 요소들을 모아서 일정한 전체를 짜 이룸.
④ 지구의 바깥쪽을 차지하는 부분.
⑤ 액체나 기체가 세차게 뿜어져 나옴.
⑥ 땅속에서 가장 처음 지진이 발생한 지점.

번호에 해당하는 글의 내용이 맞으면 ○, 틀리면 ✕를 따라가며 줄을 그으세요.

❶ 지층은 층을 이루는 암석의 종류에 따라 층의 모양과 색깔, 두께 등이 달라요.

❷ 퇴적암은 화산 활동으로 만들어진 암석이에요.

❸ 이암은 알갱이가 매우 작은 진흙으로 이루어진 퇴적암이에요.

❹ 화석은 지층의 아래층보다 위층에 만들어진 것이 먼저 생겼어요.

❺ 화석을 통해 과거 생물의 생김새나 생활 모습을 알 수 있어요.

❻ 화강암은 알갱이가 작고 겉에 크고 작은 구멍이 뚫려 있어요.

❼ 지진의 세기는 규모로 나타내요.

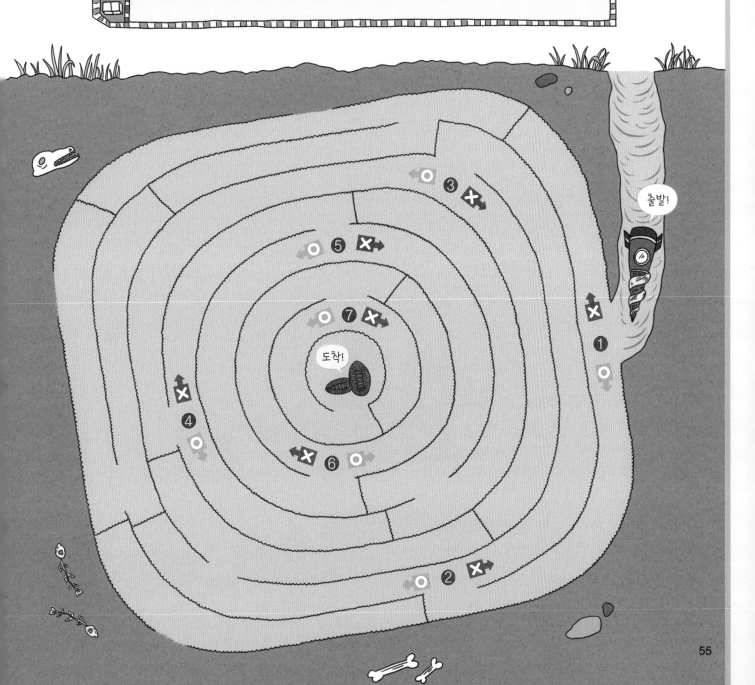

소금 없인 못 살아, 정말 못 살아

소금은 나트륨 원자 하나가 염소 원자 하나와 결합한 분자들의 결정체에 지나지 않고, 사람에게 필요한 양도 그다지 많지 않아서 하루에 3그램이면 충분하지만, 우리 몸에 들어가면 수많은 생리 대사 작용에 관여한다. 그것이 없으면 우리는 생리 대사 작용이 일어나지 않아 심장이 뛰지 않으니 살아갈 수 없다.

사람뿐만 아니라 모든 동물도 소금 없이는 살아갈 수 없다. 육식 동물은 먹이에 있는 염분을 통해 충분한 소금을 섭취할 수 있지만 초식 동물은 풀과 나뭇잎의 염분만으로는 부족하기 때문에 몸에서 땀이나 오줌으로 소금이 빠져나가지 않도록 조심한다. 그래도 야생 상태의 초식 동물은 염분이 들어 있는 흙을 먹거나 해서 부족한 염분을 보충하기도 한다. 하지만 유목민이 기르는 동물이나 가축은 이런 기회를 박탈당하기 때문에 주인이 소금기를 먹여야 온전히 자랄 수 있다.

인간은 다른 동물에 비해 소금을 쉽게 낭비한다. 그리고 소금을 인공적으로 만들어 먹는 동물은 사람밖에 없다. 소금을 만들어 먹는다는 것은 이미 문명의 상징이다. 이 문명의 결과로 사람의 경우에는 물과 소금의 배출량이 다른 동물에 비해 극심한 편이다. 사람의 오줌과 땀에는 많은 소금이 녹은 채로 배출되지만, 염분과 물의 섭취가 쉽지 않은 동물은 밖으로 배출되는 양을 최소화하거나 회수하여 소금의 배출을 막는다.

▲ 바닷물을 막아 소금을 만드는 염전

많은 동물이 소금을 아끼기 위해 아예 땀을 흘리지 않고 오줌도 아주 적게 누도록 진화해 왔다. 하지만 사람은 언제나 물을 마셔야 하고, 오줌과 땀으로 아낌없이 소금기를 배출하기 때문에 소금도 항상 보충해 주어야 한다.

장인용, 『식전』, 뿌리와이파리

01 무엇에 대해 쓴 글인지 찾아 ○ 하세요.

소금의 유래　　　　소금의 중요성　　　　소금의 생산지

02 소금과 생물과의 관계에 대해 바르게 설명한 친구를 모두 찾아 ○ 하세요.

소금은 우리 몸의 수많은 생리 대사 작용에 관여해.

 빵이

사람은 소금을 인공적으로 만들어 먹어.

 롱이

동물은 소금이 없어도 살아갈 수 있어.

 핫또야

03 글의 내용으로 맞는 것을 모두 고르세요. (　　　,　　　)

① 인간은 다른 동물에 비해 소금을 쉽게 낭비해요.

② 사람은 물과 소금의 배출량이 거의 없어요.

③ 모든 동물은 오줌과 땀으로 아낌없이 소금기를 배출해요.

④ 사람은 언제나 물을 마시고, 소금도 항상 보충해 주어야 해요.

어휘 풀이

· **분자**　어떤 물질의 화학적 형태와 성질을 띠고 있는 가장 작은 알갱이.

· **결정체**　원자, 분자 등이 규칙적으로 배열되어 일정한 모양을 이룬 덩어리.

· **생리**　생물의 목숨을 이어 나가기 위해 몸이 기능하거나 작용하는 원리.

· **대사**　생물체가 섭취한 영양물질로 몸에 필요한 물질과 에너지를 만들고, 불필요한 물질을 몸 밖으로 내보내는 작용.

· **염분**　소금 성분.

· **박탈**　남의 재물이나 권리, 자격 등을 빼앗음.

· **문명**　사람의 물질적, 기술적, 사회적 생활이 발전한 상태.

3주 지구 3

1일

어휘 | 기상, 냉각, 서리, 습도, 응결, 형성
독해 | 여러 가지 기상 현상

2일

어휘 | 기류, 기압, 발달, 북반구, 육풍, 해풍
독해 | 기압과 바람

3일

어휘 | 관측, 시속, 원심력, 자전, 자전축, 적도
독해 | 지구가 자전을 하면?

5일

어휘 | 상현달, 월식, 위성, 음력, 일식, 초승달
독해 | 날마다 모양이 변하는 달

4일

어휘 | 공전, 남중 고도, 면적, 별자리, 태양 고도, 태양 에너지
독해 | 태양 주위를 도는 지구

6일

복습

기상 바람, 비, 구름, 눈 등 대기 속에서 일어나는 현상.

냉각 식어서 차게 됨. 또는 식혀서 차게 함.

오늘은 아침에는 맑았다가

갑자기 비가 오더니

지금은 눈이 오네.

요즘은 기상 변화가 너무 심해.

돌이 다각형 기둥 모양이야. 신기해!

땅속 뜨거운 마그마가 밖으로 흘러나와 냉각되면서 만들어진 거야.

서리 공기 중의 수증기가 땅 위의 물체 겉에 얼어붙은 것.

습도 공기 중에 수증기가 포함되어 있는 정도.

나뭇잎에만 눈이 왔나 봐.

밤에 서리가 내려서 그런 거야.

며칠째 계속 비가 오니 습도가 높아 빨래가 잘 안 말라.

습도가 90퍼센트나 돼!

헉!

90 습도

응결 기체인 수증기가 액체인 물이 되는 현상.

형성 어떤 모습이나 모양을 갖춤.

얼음물이 담긴 컵 표면에 물이 생겼어.

차가운 컵 표면에 공기 중의 수증기가 닿아 응결되면서 물방울이 생긴 거야.

석회암 지대

물

여긴 땅속으로 스며든 물이 석회암 지대를 녹여 형성된 석회 동굴이야.

01 ( ) 안에서 알맞은 낱말을 골라 ○ 하세요.

> (1) (형성 | 편성): 어떤 모습이나 모양을 갖춤.
>
> (2) (기상 | 기온): 바람, 비, 구름, 눈 등 대기 속에서 일어나는 현상.
>
> (3) (이슬 | 서리): 공기 중의 수증기가 땅 위의 물체 겉에 얼어붙은 것.

02 낱말의 뜻을 바르게 말한 친구를 모두 찾아 ○ 하세요.

습도는 공기 중에 먼지가 포함되어 있는 정도를 말해.
또띠

식어서 차게 되는 것을 냉각이라고 해.
핫또야

기체인 수증기가 액체인 물이 되는 현상이 응결이야.
빵이

03 빈칸에 알맞은 글자를 모두 찾아 ○ 하세요.

(1) 여름 장마철에는 비가 많이 와서 □□가 높아요.　｜　안 ｜ 습 ｜ 다 ｜ 도

(2) 수증기가 차가운 유리창에 닿아 □□해서 물방울이 되었어요.　｜　응 ｜ 간 ｜ 결 ｜ 고

(3) 폭설로 □□ 상태가 나빠져서 비행기 출발 시간이 늦추어졌어요.　｜　기 ｜ 복 ｜ 승 ｜ 상

(4) 독도는 바닷속 화산 활동으로 □□된 화산섬이에요.　｜　형 ｜ 체 ｜ 성 ｜ 질

(5) 날씨가 추워지더니 어젯밤에 마당에 □□가 하얗게 내렸어요.　｜　슬 ｜ 서 ｜ 소 ｜ 리

(6) 냉장고에 미지근한 물을 넣어서 차갑게 □□했어요.　｜　냉 ｜ 해 ｜ 매 ｜ 각

여러 가지 기상 현상

물에 젖은 옷을 빨랫줄에 널어 두면 물기가 없어지면서 옷이 말라요. 젖은 옷에 있던 물이 수증기로 변해 공기 중으로 날아갔기 때문이에요. 우리 눈에 보이지는 않지만, 공기 중에는 수증기가 섞여 있어요. 공기 중에 수증기의 양이 많으면 습도가 높고, 적으면 습도가 낮지요.

공기 중에 포함될 수 있는 수증기의 최대량은 정해져 있어요. 그래서 공기 중에 포함되지 못하고 남은 수증기는 응결하여 액체 상태로 변하지요. 그러면서 여러 가지 기상 현상이 발생해요.

공기 중에 포함되지 못하고 남은 수증기가 응결해 공기 중에서 작은 물방울이 되면 구름과 안개가 만들어져요. 작은 물방울들이 모여 하늘 높이 떠 있으면 구름이 되고, 작은 물방울들이 지표면 가까이 낮게 떠 있으면 안개가 되지요. 안개는 밤에 지표면 근처의 공기가 냉각되면서 형성되어요. 또 공기 중의 수증기가 차가운 물체의 표면에 응결해 물방울로 맺히면 이슬이 생기고, 차가운 물체의 표면에 닿아 하얗게 얼어붙으면 서리가 생겨요.

구름 속 작은 물방울들이 점점 커지다가 무거워져서 아래로 떨어지면 비가 되어요. 구름 속 물방울들은 기온이 내려가면 얼음 알갱이로 변하기도 하는데, 이 얼음 알갱이도 점점 커지면 아래로 떨어져요. 이때 기온이 낮아 얼음 알갱이가 그대로 떨어지면 눈이 되어 내리고, 기온이 높아 얼음 알갱이가 녹으면 빗방울이 되어 떨어진답니다.

▲ 여러 가지 눈 결정

눈을 돋보기로 관찰하면 여러 가지 모양의 결정을 볼 수 있어.

01 수증기에 대한 설명으로 맞는 것을 모두 고르세요. (,   )

① 공기 중에 수증기의 양이 많으면 습도가 낮아요.

② 공기 중에 포함될 수 있는 수증기의 최대량은 정해져 있어요.

③ 공기 중에 포함되지 못하고 남은 수증기는 고체 상태로 변해요.

④ 공기 중에 포함되지 못하고 남은 수증기가 응결하면 기상 현상이 발생해요.

02 글을 읽고, 빈 곳에 알맞은 말을 쓰세요.

> 공기 중에 포함되지 못하고 남은 수증기는 응결해 공기 중에서 작은 물방울이 되는데,
>
> 이 작은 물방울들이 모여 하늘 높이 떠 있으면 _____이 되고, 작은 물방울들이
>
> 지표면 가까이 낮게 떠 있으면 _____가 되어요.

03 각 설명에 알맞은 기상 현상을 찾아 선으로 이으세요.

(1) 공기 중의 수증기가 차가운 물체의 표면에
응결해 물방울로 맺히는 것이에요.   •   • ㉠ 서리

(2) 공기 중의 수증기가 차가운 물체의 표면에
닿아 하얗게 얼어붙은 것이에요.   •   • ㉡ 이슬

04 비와 눈에 대해 바르게 말한 친구를 모두 찾아 ○ 하세요.

구름 속 작은 물방울들이 무거워져
떨어지면 비가 되는 거야.

롱이

구름 속 물방울들은 기온이
내려가면 얼음 알갱이로 변해.

소라

구름 속 얼음 알갱이가
녹으면 눈이 되어 떨어져.

꽈리

기류 공기의 흐름.

열대 바다에서는 공기가 위로 올라가는 상승 기류가 생겨.

상승 기류

그러면 큰 구름이 만들어지고 비가 내린대.

기압 공기의 무게로 인해 생기는 압력.

기압이 낮다.

기압이 높다.

산 위로 올라올수록 공기의 양이 적어져서 기압이 낮아진대.

높은 산에 올랐을 때 귀가 먹먹해지는 건 우리 몸이 낮아진 기압에 적응을 못해서야.

발달 어떤 것의 세력이나 규모 등이 점차 커짐.

내일은 제주도 동쪽에 커다란 비구름이 발달하여 많은 비가 오겠습니다.

북반구 적도를 기준으로 지구를 둘로 나누었을 때의 북쪽 부분.

우리나라는 북반구에 위치해.

적도 위쪽 지역을 북반구, 아래쪽 지역을 남반구라고 해.

북반구

적도

남반구

육풍 육지에서 바다로 부는 바람.

차가운 공기

밤에는 바다의 온도가 육지보다 높아서 육지에서 바다로 육풍이 불어.

상승

하강

따뜻한 공기

해풍 바다에서 육지로 부는 바람.

낮에는 육지의 온도가 바다보다 높아서 바다에서 육지로 해풍이 불어.

차가운 공기

상승

하강

따뜻한 공기

01 낱말과 그 뜻이 바르게 짝 지어진 것을 모두 찾아 ✔ 하세요.

(1) 육풍 – 육지에서 바다로 부는 바람. ☐

(2) 북반구 – 적도를 기준으로 지구를 둘로 나누었을 때의 북쪽 부분. ☐

(3) 기류 – 공기의 양. ☐

(4) 기압 – 공기의 무게로 인해 생기는 압력. ☐

(5) 해풍 – 바다에서 육지로 부는 바람. ☐

(6) 발달 – 어떤 것의 세력이나 규모 등이 점차 작아짐. ☐

02 빈칸에 알맞은 낱말이 차례대로 묶인 것을 고르세요. (   )

- 바닷가에서는 낮에는 바다에서 육지로 ☐이 불고, 밤에는 육지에서 바다로 ☐이 불어요.
- ☐가 불안정해서 공중에 떠 있는 비행기가 마구 흔들렸어요.

① 기류 – 해풍 – 육풍   ② 해풍 – 육풍 – 기류

③ 육풍 – 해풍 – 기류   ④ 해풍 – 기류 – 육풍

03 초성을 참고하여 빈 곳에 알맞은 낱말을 쓰세요.

(1) ☐ㄱ☐ㅇ : _____ 은 높은 산으로 올라갈수록 낮아져요.

(2) ☐ㅂ☐ㄷ : 이 지역은 평야가 _____ 해서 사람들이 주로 쌀농사를 지어요.

(3) ☐ㅂ☐ㅂ☐ㄱ : 적도의 위쪽인 _____ 에 있는 우리나라가 여름이면, 반대로 남반구에 있는 오스트레일리아는 겨울이에요.

기압과 바람

우리 주변에 있는 공기는 눈에 보이지 않아 무게가 없을 것 같지만, 공기는 무게가 있어요. 이러한 공기의 무게 때문에 생기는 누르는 힘을 '기압'이라고 해요.

차가운 공기는 따뜻한 공기보다 무거워요. 그래서 어느 지역의 온도가 낮아지면 공기가 무거워져 기압이 높아지고, 온도가 높아지면 공기가 가벼워져 기압이 낮아져요. 주위보다 상대적으로 기압이 높은 곳을 '고기압', 기압이 낮은 곳을 '저기압'이라고 해요.

우리나라가 위치한 북반구에서는 고기압일 때 무거운 공기가 아래로 내려오면서 바람이 시계 방향으로 불어 나가는 하강 기류가 발달해요. 이때는 내려오는 공기의 온도가 높아지면서 구름이 생기지 않아 날씨가 맑아요. 반대로 저기압일 때는 가벼운 공기가 위로 올라가면서 바람이 시계 반대 방향으로 불어 들어오는 상승 기류가 발달해요. 이때는 올라가는 공기가 차가워지면서 공기 중 수증기가 응결해 구름이 생기고 날씨가 흐려지지요. 그리고 이렇게 어느 두 지역에 기압 차이가 생기면 공기가 고기압에서 저기압으로 이동하면서 바람이 불어요.

바닷가에서 공기는 육지와 바다에서 데워지고 식는 속도가 달라요. 육지가 바다보다 빨리 데워지고 빨리 식지요. 낮에는 육지가 빨리 데워져 육지 위는 저기압이 되고 바다 위는 고기압이 되어요. 그러면 바람이 바다에서 육지로 부는데, 이것을 '해풍'이라고 해요. 반대로 밤에는 육지가 더 빨리 식어 바다보다 온도가 낮아요. 그러면 육지 위가 고기압, 바다 위가 저기압이 되어 바람이 육지에서 바다로 부는데, 이것을 '육풍'이라고 해요.

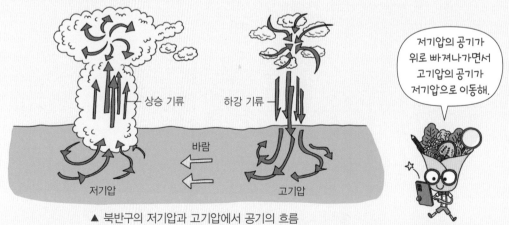

▲ 북반구의 저기압과 고기압에서 공기의 흐름

01 공기의 무게 때문에 생기는 누르는 힘을 무엇이라고 하는지 쓰세요.

02 기압에 대한 글을 읽고, 알맞은 말에 ○ 하세요.

어느 지역의 온도가 낮아지면 공기가 무거워져 기압이 (**높아지고** | **낮아지고**),

온도가 높아지면 공기가 가벼워져 기압이 (**높아져요** | **낮아져요**). 주위보다

상대적으로 기압이 높은 곳을 (**고기압** | **저기압**), 기압이 낮은 곳을

(**고기압** | **저기압**)이라고 해요.

03 고기압과 저기압에 대한 설명으로 <u>틀린</u> 것을 모두 고르세요. (,   )

① 어느 두 지역에 기압 차가 생기면 공기는 저기압에서 고기압으로 이동해요.

② 기압 차로 공기가 이동하면 바람이 불어요.

③ 고기압일 때는 상승 기류가 발달해요.

④ 저기압일 때는 가벼운 공기가 위로 올라가면서 바람이 불어 들어와요.

04 바닷가에서 부는 바람에 대한 설명이 맞으면 ○, 틀리면 ✕ 하세요.

(1) 낮에는 육지 위는 저기압이 되고 바다 위는 고기압이 되면서 바람이
   바다에서 육지로 불어요.   (   )

(2) 바람이 육지에서 바다로 부는 것을 해풍이라고 해요.   (   )

(3) 밤에는 육지가 바다보다 빨리 식으면서 육풍이 불어요.   (   )

관측 눈이나 기계로 자연 현상을 자세히 살펴보아 어떤 사실을 짐작하거나 알아냄.

앙부일구는 조선 시대에 사용하던 해시계야.

뾰족한 침의 그림자 위치를 관측해서 시간을 알아냈대.

시속 한 시간을 단위로 하여 잰 속도.

집에서 공원까지 20㎞ 오는 데 딱 한 시간 걸렸어.

1시간
집 ── 20km ── 공원

시속 20㎞로 달린 거네.

원심력 원을 도는 운동을 하는 물체가 중심에서 바깥으로 나아가려는 힘.

원심력으로 공은 계속 바깥으로 나아가려고 하는데, 네가 줄로 잡고 있어서 못 나아가고 계속 도는 거잖아.

원심력

내가 가만히 있는데도 공이 공중에서 계속 돌아.

자전 천체가 스스로 고정된 축을 중심으로 돎. 또는 그런 운동.

낮 1시

12시간 후

밤 1시

태양

지구를 비롯한 행성들은 모두 자전을 해.

지구는 자전을 하면서 낮과 밤이 바뀌지.

자전축 천체가 자전할 때 중심이 되는 축.

우리가 사는 지구는 자전축이 23.5도 기울어져 있어.

23.5°

자전축

이 자전축을 중심으로 지구가 자전해.

적도 지구의 남극과 북극으로부터 같은 거리에 있는 지구 표면의 점을 이은 선.

북극
적도
남극

적도에서 남극과 북극의 거리는 같아.

저기 지도 가운데 빨간색 점선이 적도를 나타내.

01 낱말에 대한 설명이 맞으면 ○, 틀리면 ✕ 하세요.

(1) '시속'은 일 초를 단위로 하여 잰 속도를 말해요. 　　　(　　)

(2) '자전축'은 천체가 자전할 때 중심이 되는 축을 말해요. 　　(　　)

(3) '원심력'은 원을 도는 운동을 하는 물체가 바깥에서 중심으로
들어오려는 힘을 말해요. 　　　(　　)

(4) '적도'는 지구의 남극과 북극으로부터 같은 거리에 있는 지구 표면의
점을 이은 선을 말해요. 　　　(　　)

(5) '관측'은 눈이나 기계로 자연 현상을 자세히 살펴보아 어떤 사실을
짐작하거나 알아내는 것을 말해요. 　　　(　　)

(6) '자전'은 천체가 스스로 다른 천체의 둘레를 도는 것을 말해요. 　(　　)

02 빈칸에 알맞은 낱말이 되도록 보기 에서 글자를 모두 찾아 쓰세요.

| 보기 | 시 | 원 | 관 | 심 | 력 | 측 | 속 |

(1) 놀이동산에서 빙글빙글 도는 놀이 기구를 타면 ☐☐☐ 이 느껴져요.

(2) 치타는 ☐☐ 100㎞ 정도의 속도로 달릴 수 있어요.

(3) 기상청은 우리나라 기상 상태를 ☐☐ 하는 일을 해요.

03 밑줄 친 낱말이 바르게 쓰인 것을 모두 찾아 ✔ 하세요.

(1) 지구는 태양의 둘레를 도는 **자전**을 해요. 　　　☐

(2) 지구는 **자전축**을 중심으로 하루에 한 바퀴씩 스스로 돌아요. 　☐

(3) **적도**를 기준으로 남쪽은 남반구, 북쪽은 북반구라고 불러요. 　☐

지구가 자전을 하면?

지구가 자전축을 중심으로 하루에 한 바퀴씩 서쪽에서 동쪽으로 회전하는 것을 '지구의 자전'이라고 해요. 적도에서 측정했을 때 지구의 자전 속도는 시속 약 1,600㎞로 아주 빠르지만, 우리는 지구 안에서 주변의 물체들과 함께 돌고 있기 때문에 지구의 속도를 못 느껴요. 그러나 지구의 자전으로 생기는 여러 현상들은 볼 수 있어요.

태양은 하루 동안 동쪽 하늘에서 떠서 서쪽 하늘로 움직이는 것처럼 보여요. 밤하늘에 있는 달과 별을 관측해도 마찬가지이지요. 이것은 모두 지구의 자전 때문에 일어나는 일이에요. 지구가 서쪽에서 동쪽으로 자전하기 때문에 지구에서는 태양과 달과 별이 반대 방향으로 도는 것처럼 보이지요.

지구의 자전 때문에 낮과 밤도 생겨요. 지구가 자전하면서 우리가 살고 있는 곳이 태양 쪽을 향하게 되어 태양 빛을 받으면 낮이 되고, 태양 반대쪽을 향하게 되어 태양 빛을 받지 못하면 밤이 되는 것이지요. 지구가 하루에 한 바퀴씩 자전하면서 낮과 밤이 날마다 반복되어요.

지구가 약간 납작한 공 모양인 것도 지구의 자전 때문이에요. 지구가 스스로 회전하는 동안 지구를 구성하는 물질들은 원심력의 영향을 받아 바깥으로 나아가려고 해요. 적도 쪽으로 갈수록 원심력의 영향을 더 많이 받아서, 적도 부분이 지구의 다른 곳보다 더 불룩한 것이지요. 실제로 지구 내부의 한가운데에서 북극까지의 거리보다 적도까지의 거리가 더 멀답니다.

01 글을 읽고, 빈 곳에 알맞은 말을 쓰세요.

지구가 _____을 중심으로 하루에 한 바퀴씩 서쪽에서 동쪽으로 회전하는 것을

지구의 _____이라고 해요.

02 ( ) 안에 알맞은 말을 **보기** 에서 찾아 기호를 쓰세요.

보기   ㉠ 서쪽   ㉡ 동쪽

태양이 하루 동안 (   ) 하늘에서 떠서 (   ) 하늘로 움직이는 것처럼

보이는 까닭은 지구가 자전하기 때문이에요.

03 낮과 밤에 대해 바르게 말한 친구를 찾아 ○ 하세요.

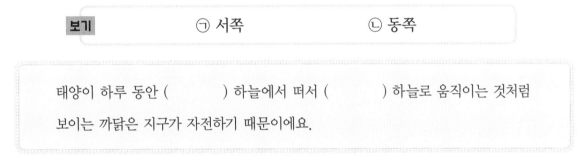

지구가 자전하기 때문에
낮과 밤이 생기는 거야.

롱이

지구에서 태양 빛을 받는 쪽은
밤이 되고, 받지 못하는 쪽은 낮이 돼.

소라

04 지구의 자전으로 생기는 현상으로 틀린 것을 고르세요. (   )

① 달과 별이 하루 동안 동쪽에서 서쪽으로 움직이는 것처럼 보여요.

② 낮과 밤이 날마다 반복되어요.

③ 지구가 약간 납작한 공 모양이에요.

④ 지구 내부의 한가운데에서 북극까지의 거리가 적도까지의 거리보다 더 멀어요.

공전 한 천체가 다른 천체의 둘레를 일정하게 도는 것.

남중 고도 천체가 남쪽 하늘 한가운데에 위치했을 때의 높이.

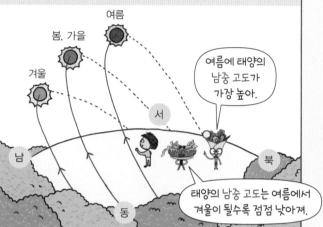

면적 일정한 평면이나 굽은 면이 차지하는 크기.

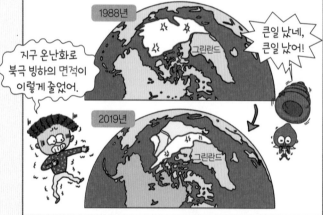

별자리 밤하늘의 별들을 이어 동물, 물건, 신화 속 인물 등의 이름을 붙인 것.

태양 고도 태양이 지표면과 이루는 각.

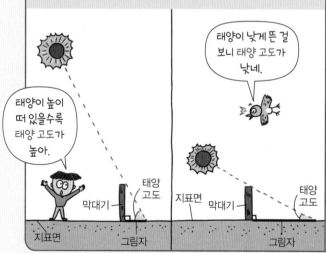

태양 에너지 태양이 내보내는 에너지.

01 뜻에 알맞은 낱말을 보기 에서 찾아 빈칸에 쓰세요.

보기   별자리   태양 고도   면적   남중 고도   공전   태양 에너지

(1) 일정한 평면이나 굽은 면이 차지하는 크기. ....

(2) 태양이 내보내는 에너지. ....

(3) 한 천체가 다른 천체의 둘레를 일정하게 도는 것. ....

(4) 태양이 지표면과 이루는 각. ....

(5) 천체가 남쪽 하늘 한가운데에 위치했을 때의 높이. ....

(6) 밤하늘의 별들을 이어 동물, 물건, 신화 속 인물 등의 이름을
붙인 것. ....

02 빈칸에 알맞은 낱말을 찾아 선으로 이으세요.

(1) 태양의 ☐는 여름에 가장 높고,
겨울에 가장 낮아요.   ㉠ **남중 고도**

(2) 화성은 약 687일 동안 태양 주위를
한 바퀴 돌며 ☐해요.   ㉡ **면적**

(3) 태평양은 세계 바다 ☐의 거의
절반을 차지해요.   ㉢ **공전**

03 빈 곳에 알맞은 낱말을 보기 에서 찾아 쓰세요.

보기

별자리

태양 에너지

태양 고도

(1) 태양이 내보내는 _____는 환경 오염이 없어요.

(2) 밤하늘에서 _____를 찾았어요.

(3) _____가 높으면 태양도 높이 떠 있어요.

태양 주위를 도는 지구

별이 잘 보이는 날, 밤하늘을 올려다보면 계절에 따라 보이는 별자리가 달라요. 봄에는 사자자리, 여름에는 백조자리, 가을에는 물고기자리, 겨울에는 쌍둥이자리 등이 보이지요.

이렇게 계절에 따라 보이는 별자리가 다른 것은 지구의 공전 때문이에요. '지구의 공전'은 지구가 태양을 중심으로 일 년에 한 바퀴씩 서쪽에서 동쪽으로 회전하는 것을 말해요. 지구의 공전으로 지구의 위치가 달라지면서 계절에 따라 볼 수 있는 별자리가 달라지고, 별자리가 동쪽에서 서쪽으로 일 년 동안 천천히 이동하는 것처럼 보이지요.

지구의 자전축은 우리나라가 여름일 때는 태양 쪽으로, 겨울일 때는 태양의 반대쪽으로 23.5도 기울어져 있어요. 이렇게 지구의 자전축이 기울어진 채로 태양 주위를 공전하기 때문에 지구의 위치에 따라 태양의 남중 고도가 달라지면서 계절의 변화도 일어나요.

태양이 남쪽 하늘 한가운데 위치했을 때의 높이를 '태양의 남중 고도'라고 하는데, 이때 태양 고도는 하루 중 가장 높아요. 태양 고도가 높으면 같은 면적에 도달하는 태양 에너지의 양이 많아 기온이 높고 태양 빛을 받는 시간도 길어 낮의 길이도 길어요. 따라서 지구가 공전해 태양의 남중 고도가 높아지면 기온이 높고 낮의 길이가 긴 여름이 되고, 반대로 태양의 남중 고도가 낮아지면 기온이 낮고 낮의 길이가 짧은 겨울이 되어요. 태양의 남중 고도가 여름과 겨울의 중간쯤이 되면 봄과 가을이 되지요. 계절의 변화는 북반구와 남반구가 반대로 일어나요. 북반구가 여름일 때, 남반구는 겨울이랍니다.

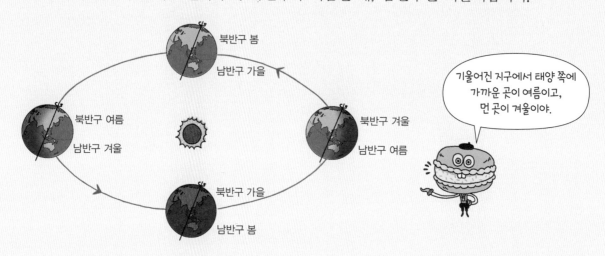

▲ 지구의 공전에 따른 계절의 변화

01 다음에서 설명하는 것이 무엇인지 쓰세요.

> 지구가 태양을 중심으로 일 년에 한 바퀴씩 서쪽에서 동쪽으로 회전하는 것을 말해요.

지구의 [   ]

02 지구의 공전으로 일어나는 일이 맞으면 ○, 틀리면 X 하세요.

(1) 계절에 따라 볼 수 있는 별자리가 달라져요.   (   )

(2) 별자리가 서쪽에서 동쪽으로 이동하는 것처럼 보여요.   (   )

(3) 계절의 변화가 일어나요.   (   )

03 태양의 남중 고도에 대한 설명으로 틀린 것을 고르세요. (   )

① 태양이 남쪽 하늘 한가운데에 위치했을 때의 높이를 말해요.

② 태양이 남쪽 하늘 한가운데에 위치했을 때 태양 고도가 하루 중 가장 높아요.

③ 태양의 남중 고도가 높아지면 기온이 높아져요.

④ 태양의 남중 고도가 높아지면 낮의 길이가 짧아져요.

04 빈칸에 알맞은 말을 찾아 선으로 이으세요.

(1) [   ]이 될수록 태양의 남중 고도가 높아져요.   •   • ㉠ 여름

(2) [   ]이 될수록 태양의 남중 고도가 낮아져요.   •   • ㉡ 겨울

상현달 오른쪽으로 둥근 반원 모양의 달.

왼쪽으로 둥근 반원 모양의 달은 하현달이지.

저건 상현달이야.

월식 달이 지구의 그림자에 가려 그 전부나 일부분이 보이지 않게 되는 현상.

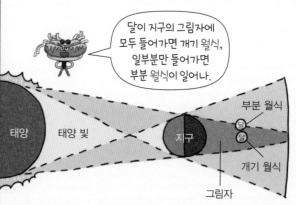

달이 지구의 그림자에 모두 들어가면 개기 월식, 일부분만 들어가면 부분 월식이 일어나.

태양   태양 빛   지구   부분 월식   달   달   개기 월식

그림자

위성 행성의 주위를 도는 우주의 천체.

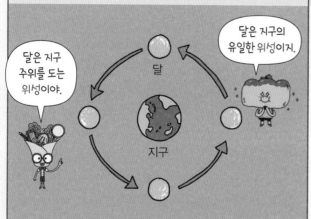

달은 지구 주위를 도는 위성이야.

달은 지구의 유일한 위성이지.

달

지구

음력 달이 지구를 한 바퀴 도는 데 걸리는 시간을 기준으로 하여 날짜를 세는 달력.

우리 조상들은 달의 모양 변화를 보고 음력으로 날짜를 계산했어.

달력에서 날짜 아래 빨간 숫자가 음력을 나타내는 날짜야.

음력이 양력보다 날짜가 늦어.

일식 달이 태양의 일부나 전부를 가리는 현상.

어? 태양의 모양이 변했어!

달이 태양의 일부분을 가리면서 일식이 일어난 거야. 부분 일식!

초승달 오른쪽이 둥근 눈썹 모양의 작은 달.

저 달 이름이 뭐야?

저건 그믐달이야. 이렇게 오른쪽이 둥근 눈썹 모양의 달은 초승달이고.

초승달

01 뜻에 알맞은 낱말을 찾아 선으로 이으세요.

(1) 달이 지구의 그림자에 가려 그 전부나 일부분이 보이지 않게 되는 현상. ● 　　● ㉠ 초승달

(2) 오른쪽이 둥근 눈썹 모양의 작은 달. ● 　　● ㉡ 상현달

(3) 달이 태양의 일부나 전부를 가리는 현상. ● 　　● ㉢ 월식

(4) 오른쪽으로 둥근 반원 모양의 달. ● 　　● ㉣ 일식

02 낱말의 뜻을 보기 에서 찾아 기호를 쓰세요.

보기
㉠ 달이 지구를 한 바퀴 도는 데 걸리는 시간을 기준으로 하여 날짜를 세는 달력.
㉡ 행성의 주위를 도는 우주의 천체.

(1) 음력 (　　　) 　　　　(2) 위성 (　　　)

03 ⬚ 안에서 알맞은 낱말을 골라 ○ 하세요.

(1) 사람들이 태양이 달에 가려지는 │ 일식 │ 월식 │을 관찰하려고 모였어요.

(2) 올해는 2월 12일이 │ 양력 │ 음력 │으로 1월 1일이에요.

(3) 눈썹처럼 생긴 │ 상현달 │ 초승달 │이 밤하늘에 떴어요.

(4) 지구 주위를 도는 달은 지구의 │ 위성 │ 화성 │이에요.

(5) 반원 모양의 │ 상현달 │ 초승달 │에서 점점 보름달 모양이 되었어요.

(6) │ 일식 │ 월식 │이 일어나 달이 지구의 그림자에 가렸어요.

날마다 모양이 변하는 달

우리가 밤하늘에서 보는 달의 모양은 초승달, 상현달, 보름달, 하현달, 그믐달의 순서로 날마다 조금씩 변해요. 그믐달 다음에는 하루쯤 달이 사라졌다가 다시 초승달로 나타나지요. 초승달을 보고 그다음 초승달을 볼 때까지 약 30일이 걸려요.

지구의 위성인 달은 스스로 빛을 내지 못하고 태양 빛을 받아 반사해요. 달의 어느 부분이 태양 빛을 받느냐에 따라 우리 눈에 보이는 달의 모양도 달라지지요. 달은 지구가 태양 주위를 돌 때 같이 지구 주위를 공전하는데, 이때 태양과 지구와 달의 위치가 각각 달라지면서 달이 태양 빛을 받는 부분도 달라져 우리 눈에 달의 모양이 날마다 변하는 것처럼 보이는 것이에요.

달이 태양과 지구 사이에 놓이면 지구에서 보이는 달 쪽은 태양 빛을 받지 못해 어두워요. 그래서 달을 관측하기 어려운데, 이때를 삭이라고 해요. 음력 1일 무렵에 해당하며, 삭일 때 달이 태양을 가리는 일식이 일어나기도 해요. 달이 이동해 지구가 태양과 달 사이에 놓이면 보름달을 볼 수 있는데, 이때 달이 지구의 그림자 속에 들어가면 월식이 일어나기도 하지요.

삭부터 보름까지 하루씩 지날 때마다 태양 빛을 받는 달의 면적이 점점 커지면서 초승달이 상현달이 되었다가 보름달이 되어요. 보름부터는 하루가 지날 때마다 태양 빛을 받는 달의 면적이 점점 더 작아지면서 보름달이 하현달이 되었다가 그믐달이 되지요.

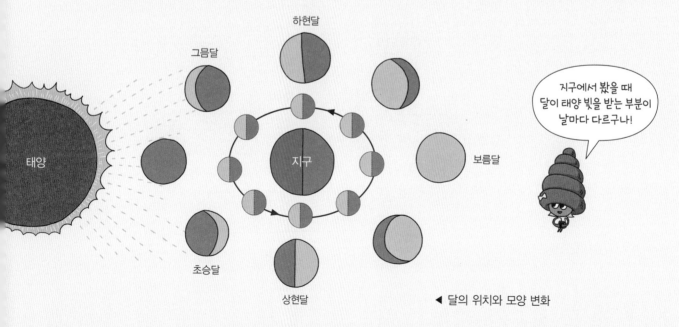

◀ 달의 위치와 모양 변화

01 달의 모양이 날마다 변하는 것처럼 보이는 까닭을 모두 골라 ○ 하세요.

> (1) 달이 지구 주위를 공전하기 때문에   (   )
>
> (2) 달이 지구의 그림자 속에 들어가기 때문에   (   )
>
> (3) 달이 태양 빛을 받아 반사하기 때문에   (   )

02 달에 대한 글을 읽고, 알맞은 말에 ○ 하세요.

> 달이 태양과 지구 사이에 놓일 때 달이 태양을 가리는 (일식 | 월식)이 일어나기도
> 해요. 또 지구가 태양과 달 사이에 놓일 때 달이 지구의 그림자 속에 들어가면
> (일식 | 월식)이 일어나기도 해요.

03 달의 모양이 변하는 순서에 맞게 (   ) 안에 알맞은 달의 이름을 보기 에서 찾아 기호를 쓰세요.

> 보기   ㉠ 하현달   ㉡ 그믐달   ㉢ 상현달

> 초승달 → (   ) → 보름달 → (   ) → (   ) → 초승달

04 달에 대한 설명으로 틀린 것을 고르세요. (   )

① 달이 태양과 지구 사이에 놓이면 달을 관측하기 어려운데, 이때를 삭이라고 해요.

② 삭부터 보름까지 태양 빛을 받는 달의 면적이 점점 작아져요.

③ 지구가 태양과 달 사이에 놓이면 보름달을 볼 수 있어요.

④ 초승달을 보고 그다음 초승달을 볼 때까지 약 30일이 걸려요.

가로 풀이와 세로 풀이를 보고, 풀이에 알맞은 낱말을 빈칸에 쓰세요.

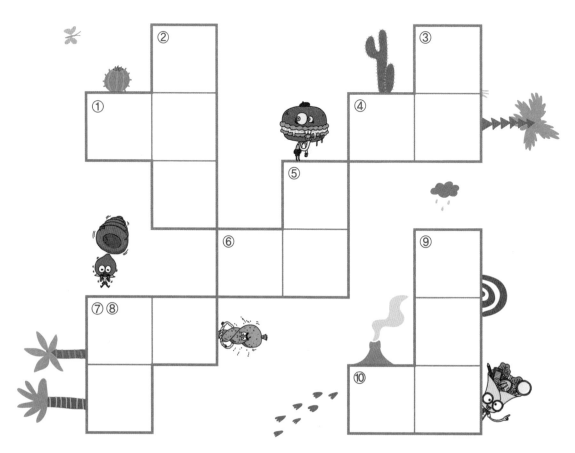

 가로 풀이야!

① 한 천체가 다른 천체의 둘레를 일정하게 도는 것.

④ 공기 중에 수증기가 포함되어 있는 정도.

⑥ 행성의 주위를 도는 우주의 천체.

⑦ 공기의 무게로 인해 생기는 압력.

⑩ 어떤 것의 세력이나 규모 등이 점차 커짐.

 세로 풀이야!

② 천체가 자전할 때 중심이 되는 축.

③ 지구의 남극과 북극으로부터 같은 거리에 있는 지구 표면의 점을 이은 선.

⑤ 어떤 모습이나 모양을 갖춤.

⑧ 공기의 흐름.

⑨ 오른쪽으로 둥근 반원 모양의 달.

글의 내용이 맞으면 '예', 틀리면 '아니요'를 따라가 만나는 친구에게 ○ 하세요.

출발 공기 중에 수증기의 양이 많으면 습도가 높아요.

공기 중의 수증기가 차가운 물체의 표면에 응결하면 구름이 되어요.

북반구가 여름일 때, 남반구는 겨울이에요.

예　예　아니요

아니요　아니요　예

공기가 고기압에서 저기압으로 이동하면서 바람이 불어요.

낮에는 바람이 바다에서 육지로 불어요.

지구는 하루에 한 바퀴씩 동쪽에서 서쪽으로 자전해요.

예　예　아니요

아니요　아니요　예

낮과 밤이 생기는 것은 지구의 자전 때문이에요.

달은 스스로 빛을 내지 못하고 태양 빛을 받아 반사해요.

달의 공전으로 계절에 따라 볼 수 있는 별자리가 달라져요.

예　예

아니요　예　아니요　아니요

4주 우주

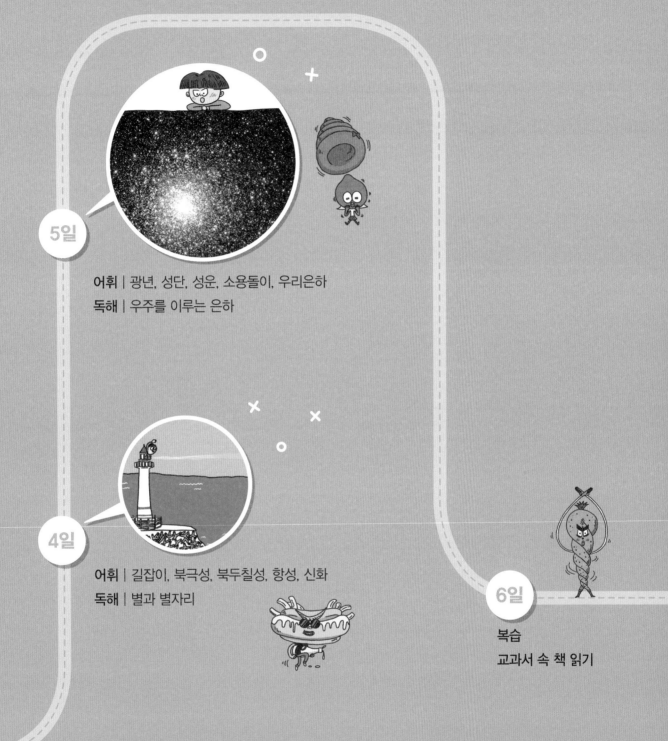

5일

어휘 | 광년, 성단, 성운, 소용돌이, 우리은하
독해 | 우주를 이루는 은하

4일

어휘 | 길잡이, 북극성, 북두칠성, 항성, 신화
독해 | 별과 별자리

6일

복습
교과서 속 책 읽기

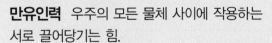

만유인력 우주의 모든 물체 사이에 작용하는
서로 끌어당기는 힘.

주기 회전하는 물체가 한 번 돌아서 원래의
위치로 오기까지의 기간.

소행성 화성과 목성 궤도 사이에서 태양을
중심으로 공전하는 작은 천체.

행성 지구처럼 태양의 주위를 도는 둥근 천체.

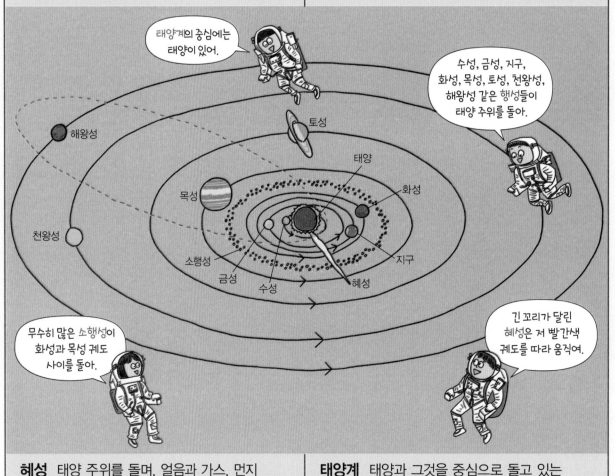

혜성 태양 주위를 돌며, 얼음과 가스, 먼지
등으로 이루어져 있는 작은 천체.

태양계 태양과 그것을 중심으로 돌고 있는
지구를 비롯한 천체의 집합.

01 뜻에 알맞은 낱말이 되도록 글자를 모두 찾아 ○ 하세요.

(1) 지구처럼 태양의 주위를 도는 둥근
천체.

| 은 | 행 | 지 | 성 | 하 |

(2) 태양과 그것을 중심으로 돌고 있는
지구를 비롯한 천체의 집합.

| 태 | 은 | 양 | 계 | 하 |

(3) 태양 주위를 돌며, 얼음과 가스, 먼지
등으로 이루어져 있는 작은 천체.

| 혜 | 위 | 성 | 항 | 공 |

02 낱말의 뜻을 보기 에서 찾아 기호를 쓰세요.

보기

㉠ 회전하는 물체가 한 번 돌아서 원래의 위치로 오기까지의 기간.
㉡ 화성과 목성 궤도 사이에서 태양을 중심으로 공전하는 작은 천체.
㉢ 우주의 모든 물체 사이에 작용하는 서로 끌어당기는 힘.

(1) 소행성 (   )   (2) 만유인력 (   )   (3) 주기 (   )

03 ⬚⬚ 안에서 알맞은 낱말을 골라 ○ 하세요.

(1) 수성은 태양과 가장 가까운 태양계의 | 혜성 | 행성 | 이에요.

(2) 화성과 목성 궤도 사이에는 수많은 | 소행성 | 해왕성 | 이 있어요.

(3) 태양은 | 태양계 | 생태계 | 의 한가운데에 있어요.

(4) 물건이 아래로 떨어지는 것은 지구가 끌어당기는 | 만유인력 | 원심력 | 때문이에요.

(5) 지구가 자전축을 중심으로 한 바퀴 도는 | 경기 | 주기 | 는 약 1일이에요.

(6) 긴 꼬리가 달린 | 혜성 | 행성 | 은 타원 모양의 궤도를 따라 움직여요.

태양계 가족

우리가 사는 지구는 우주 한쪽에 있는 태양계에 속해요. '태양계'는 태양과 태양의 영향을 받는 공간, 그 공간에 있는 천체들을 말해요. 태양계는 태양과 행성, 위성, 소행성, 혜성 등으로 구성되어요.

태양계의 중심은 태양이에요. 태양계의 행성들은 모두 태양을 중심으로 공전하지요. 태양계에는 크기가 가장 작은 수성부터 가장 큰 목성까지 8개의 행성이 있어요. 수성이 태양과 가장 가깝고, 금성, 지구, 화성, 목성, 토성, 천왕성, 해왕성의 순서로 태양에서 멀리 떨어져 있어요. 행성들은 모두 시계 반대 방향으로 공전하며, 태양에서 멀어질수록 공전 주기가 길어요. 해왕성의 공전 주기는 약 165년이나 되지요.

수성과 금성을 뺀 6개의 행성들은 모두 위성을 거느려요. 지구의 위성은 달 1개이지만, 목성이나 토성처럼 수십 개의 위성을 가진 행성도 있어요. 모든 위성이 달처럼 둥근 모양은 아니에요. 화성의 두 위성인 데이모스와 포보스는 감자처럼 생겼지요.

화성과 목성 궤도 사이에는 무수히 많은 소행성이 태양을 중심으로 돌고 있어요. 가스와 먼지 등으로 이루어진 혜성은 태양 주위를 돌다가 태양에 가까워지면 태양이 뿜어내는 태양풍에 먼지와 가스가 날리면서 긴 꼬리가 생기지요.

이렇게 크기도 모양도 다양한 천체들이 더 먼 우주 공간으로 날아가지 않고 태양 주위를 도는 것은 만유인력 때문이에요. 태양이 천체들을 강한 힘으로 끌어당기기 때문이지요.

▲ 혜성

혜성은 긴 꼬리 때문에 꼬리별이라고도 불려.

01 태양과 태양의 영향을 받는 공간, 그 공간에 있는 천체들을 무엇이라고 하는지 쓰세요.

02 태양계에 대한 글을 읽고, 빈 곳에 알맞은 말을 쓰세요.

> 태양계는 태양과 _____, 위성, 소행성, 혜성 등으로 구성되며, 태양계의
>
> 중심은 _____이에요.

03 태양계의 행성에 대해 바르게 말한 친구를 찾아 ○ 하세요.

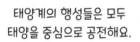
태양계의 행성들은 모두 태양을 중심으로 공전해요.

또띠

천왕성이 태양에서 가장 멀리 떨어져 있어요.

빵이

태양에서 멀어질수록 공전 주기가 짧아요.

핫또야

04 태양계에 대한 설명으로 맞는 것을 모두 고르세요. (,   )

① 태양계의 모든 행성은 위성을 거느려요.

② 지구와 화성 궤도 사이에는 무수히 많은 소행성이 있어요.

③ 혜성은 태양에 가까워지면 긴 꼬리가 생겨요.

④ 태양계의 천체들이 태양 주위를 도는 것은 만유인력 때문이에요.

공급 요구나 필요에 따라 물건이나 돈 등을 제공함.

왜 자동차에 플러그를 꽂은 거지?

전기 자동차라서 기름 대신 전기를 공급하는 중이래.

대기 천체의 표면을 둘러싸고 있는 기체.

약 1,000km

지구는 여러 가지 기체로 둘러싸여 있어.

지표면에서 약 1,000㎞까지가 대기가 둘러싸고 있는 대기권이야.

지구

먹이 사슬 생물 먹이 관계가 사슬처럼 연결되어 있는 것.

과일을 생쥐가 먹고, 생쥐를 뱀이 잡아먹고, 뱀을 올빼미가 잡아먹어!

이게 바로 서로 먹고 먹히는 생태계의 먹이 사슬이야.

생존 살아 있음. 또는 살아남음.

물고기가 날다니! 기막힌 생존 방법이네!

날치는 큰 물고기가 쫓아오면 물 위로 날아올라 도망간대.

지름 원이나 구의 둘레 위의 두 점이 중심을 지나도록 직선으로 이은 선.

원의 중심을 지나는 선분 ㄱㄴ을 지름이라고 해.

지름 길이의 반은 반지름이야. 선분 ㄷㄹ이지.

지름

ㄱ 원의 중심 ㄴ

반지름

ㄷ 원의 중심 ㄹ

흑점 태양 표면에 보이는 검은 반점.

태양 표면에 있는 점 같은 검은 무늬가 흑점이야.

실제로는 굉장히 밝은데 주변보다 온도가 낮아 어둡게 보인대.

01 뜻에 알맞은 낱말을 찾아 선으로 이으세요.

(1) 생물 먹이 관계가 사슬처럼 연결되어 있는 것.   •

(2) 살아 있음. 또는 살아남음.   •

(3) 원이나 구의 둘레 위의 두 점이 중심을 지나도록 직선으로 이은 선.   •

(4) 태양 표면에 보이는 검은 반점.   •

• ㉠ 흑점

• ㉡ 지름

• ㉢ 생존

• ㉣ 먹이 사슬

02 (   ) 안에서 알맞은 낱말을 골라 ○ 하세요.

(1) 공급   요구나 필요에 따라 물건이나 돈 등을 (요구함 | 제공함).

(2) 대기   천체의 표면을 둘러싸고 있는 (액체 | 기체).

03 (   ) 안에 알맞은 낱말을 보기 에서 찾아 기호를 쓰세요.

보기   ㉠ 생존   ㉡ 지름   ㉢ 흑점   ㉣ 공급   ㉤ 먹이 사슬   ㉥ 대기

(1) 지구를 둘러싸고 있는 (   )의 약 80퍼센트는 질소로 이루어져 있어요.

(2) 스케치북에 (   )이 15cm인 원을 그렸어요.

(3) 수도관이 터져서 수돗물이 (   )되지 않고 있어요.

(4) 물은 사람이 (   )하는 데 없어서는 안 되는 물질이에요.

(5) 먹이 그물은 여러 개의 (   )이 얽혀 그물처럼 연결되어 있는 것을 말해요.

(6) 천체 망원경으로 태양을 관측하면 표면에서 검은색 (   )을 볼 수 있어요.

지구를 살리는 천체, 태양

태양은 태양계에서 유일하게 스스로 빛을 내는 천체예요. 태양계 천체 중에서 크기도 가장 커서 지름이 약 140만 ㎞나 되지요. 이것은 지구의 지름보다 약 109배가 큰 것이며, 부피로 따지면 지구 약 130만 개를 모은 것과 같아요.

태양은 뜨겁기로도 태양계에서 으뜸이에요. 태양 표면의 평균 온도는 약 6,000도이며, 태양 대기의 가장 바깥층은 100만 도가 넘어요. 온도가 특히 낮은 흑점도 평균 온도가 약 4,000도이지요. 단단한 철이 녹아서 액체가 되는 온도가 1,500도 정도이니까, 태양이 얼마나 뜨거운지 알 수 있어요.

태양은 지구에서 약 1억 5,000만 ㎞나 떨어져 있어요. 비행기가 시속 900㎞의 속도로 쉬지 않고 날아도 19년이 넘게 걸리는 거리이지요. 하지만 태양은 이렇게 멀리 떨어진 지구에도 아주 큰 영향을 주어요.

태양은 지구의 생물이 생존하는 데 필요한 에너지를 공급해요. 식물이 양분을 만들 수 있는 것도 태양 빛 때문이지요. 식물이 만든 양분은 먹이 사슬로 연결되어 다른 동물들도 살아갈 수 있게 해요. 또 태양은 공기가 얼지 않고 기체 상태를 유지하도록 해서 생물이 호흡할 수 있게 하며, 물을 순환시키고 여러 가지 기상 현상도 만들지요.

우리가 사용하는 전기도 대부분 태양을 이용해 만들어요. 태양열 발전은 물론이고, 수력 발전이나 풍력 발전도 모두 태양에서 나오는 열과 빛이 없으면 전기를 만들 수 없답니다. 결국 지구의 모든 생물은 태양 덕분에 살아가고 있어요. 태양이 사라지면 지구 생물도 사라질 수밖에 없어요.

태양은 지구에 정말 중요한 천체구나!

01 어떤 천체에 대한 설명인지 이름을 쓰세요.

> 태양계에서 유일하게 스스로 빛을 내는 천체로, 태양계 천체 중에서 크기가 가장 커요.

02 태양의 온도에 대한 설명이 맞으면 ○, 틀리면 × 하세요.

(1) 태양 표면의 평균 온도는 약 6,000도예요. 　　　　　　　　　(　　　)

(2) 태양에서 흑점이 온도가 가장 높아요. 　　　　　　　　　　　(　　　)

(3) 태양 대기의 가장 바깥층은 100만 도가 넘어요. 　　　　　　　(　　　)

03 태양이 지구에 미치는 영향으로 <u>틀린</u> 것을 고르세요. (　　　)

① 생물이 생존하는 데 필요한 에너지를 공급해요.

② 공기가 액체 상태를 유지하도록 해요.

③ 물을 순환시키고 여러 가지 기상 현상을 만들어요.

④ 우리가 사용하는 전기를 만들 수 있도록 해요.

04 태양에 대해 바르게 말한 아이를 모두 찾아 이름에 ○ 하세요.

| 문수 | 태양의 지름은 지구의 지름보다 약 109배가 커요. |

| 아영 | 태양은 지구에서 약 1억 5,000만 ㎞ 떨어져 있어요. |

| 성빈 | 태양은 지구에서 멀리 떨어져 있어서 지구에 별로 영향을 주지 않아요. |

어휘

내행성 태양계에서, 태양과 지구 사이에 있는 행성.

외행성 태양계에서 궤도가 지구보다 바깥쪽에 있는 행성.

크레이터 행성, 위성 등의 표면에 보이는, 움푹 파인 큰 구덩이 모양의 지형.

협곡 험하고 좁은 골짜기.

흡사 거의 같을 정도로 비슷한 모양.

희박하다 기체나 액체 등의 밀도나 농도가 낮거나 엷다.

01 ( ) 안에서 알맞은 낱말을 골라 ○ 하세요.

(1) (크레이터 | 협곡): 험하고 좁은 골짜기.

(2) 희박하다: 기체나 액체 등의 밀도나 농도가 낮거나 (엷다 | 진하다).

(3) 내행성: 태양계에서, 태양과 (화성 | 지구) 사이에 있는 행성.

(4) 외행성: 태양계에서 궤도가 지구보다 (바깥쪽 | 안쪽)에 있는 행성.

(5) (흡사 | 묘사): 거의 같을 정도로 비슷한 모양.

(6) (크레이터 | 협곡): 행성, 위성 등의 표면에 보이는, 움푹 파인 큰 구덩이 모양의
지형.

02 밑줄 친 낱말을 바르게 사용한 친구를 찾아 ○ 하세요.

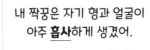

내 짝꿍은 자기 형과 얼굴이
아주 **흡사**하게 생겼어.

빵이

비가 많이 와서
댐에 물이 아주 **희박해**.

소라

03 빈칸에 알맞은 낱말이 차례대로 묶인 것을 고르세요. ( )

• 화성은 궤도가 지구보다 바깥쪽에 있는 ☐이에요.

• 달 표면에는 운석이 부딪쳐서 생긴 구덩이 모양의 ☐가 많아요.

• 바다 밑에는 좁고 깊게 파인 해저 ☐이 있어요.

• 수성은 태양과 지구 사이에 있는 ☐이에요.

① 외행성 – 협곡 – 내행성 – 크레이터   ② 내행성 – 협곡 – 외행성 – 크레이터

③ 외행성 – 크레이터 – 협곡 – 내행성   ④ 협곡 – 외행성 – 내행성 – 크레이터

태양계의 행성들

태양계의 행성들은 특징에 따라 지구형 행성과 목성형 행성으로 나눌 수 있어요. 수성, 금성, 지구, 화성은 지구형 행성이라고 하고, 목성, 토성, 천왕성, 해왕성은 목성형 행성이라고 하지요. 지구형 행성은 반지름이 작고 표면이 암석으로 이루어져 있으며, 고리가 없고 위성의 수가 없거나 적어요. 목성형 행성은 반지름이 크고 표면이 기체로 이루어져 있으며, 고리가 있고 위성의 수도 많지요.

태양에서 가장 가까운 수성은 표면에 크레이터가 많아 달과 흡사해요. 크기는 달보다 조금 더 크지요. 금성은 크기가 지구와 가장 비슷해요. 하지만 자전 주기가 약 243일이나 되며, 자전 방향도 지구와 반대라서 태양이 서쪽에서 떠서 동쪽으로 져요. 표면이 붉은색인 화성은 대기가 희박해 낮과 밤의 표면의 온도 차이가 커요. 물이 흐른 흔적과 거대한 협곡, 태양계에서 가장 높은 화산도 있어요.

목성은 태양계의 행성 중 가장 커요. 반지름이 지구의 약 11배나 되지요. 가스로 이루어져 있으며 희미한 고리를 가지고 있어요. 토성은 태양계에서 두 번째로 큰 행성으로, 암석 조각과 얼음 알갱이 등으로 이루어진 뚜렷한 고리를 가지고 있어요. 천왕성은 희미한 고리가 있고, 자전축이 약 98도나 기울어져 있어 거의 누운 채로 자전을 해요. 파란색으로 보이는 해왕성도 희미한 고리가 있으며, 천왕성과 크기가 비슷해요.

태양계를 이루는 행성은 내행성과 외행성으로 나눌 수도 있어요. 내행성은 지구의 공전 궤도 안쪽에서 도는 행성으로, 수성과 금성이 여기에 속해요. 외행성은 지구의 공전 궤도 바깥쪽에서 도는 행성으로, 화성, 목성, 토성, 천왕성, 해왕성이 있답니다.

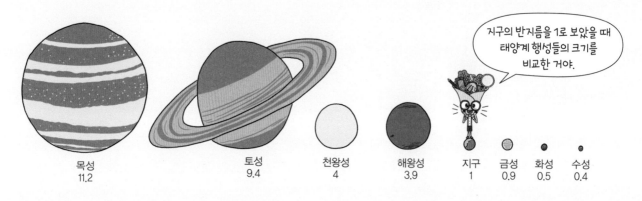

지구의 반지름을 1로 보았을 때 태양계 행성들의 크기를 비교한 거야.

목성 11.2　　토성 9.4　　천왕성 4　　해왕성 3.9　　지구 1　　금성 0.9　　화성 0.5　　수성 0.4

01 각 행성이 어디에 속하는지 보기 에서 모두 찾아 기호를 쓰세요.

보기	㉠ 수성	㉡ 금성	㉢ 지구	㉣ 화성
	㉤ 목성	㉥ 토성	㉦ 천왕성	㉧ 해왕성

⑴ 지구형 행성 (,   ,   ,   )

⑵ 목성형 행성 (,   ,   ,   )

02 빈칸에 알맞은 말을 써서 표를 완성하세요.

	반지름	표면의 물질	고리	위성의 수
지구형 행성	⑴	암석	⑶	없거나 적다.
목성형 행성	크다.	⑵	있다.	⑷

03 각 설명에 알맞은 행성을 찾아 선으로 이으세요.

⑴ 크기가 달보다 조금 더 크며, 표면에 크레이터가 많아요.   •   • ㉠ 수성

⑵ 자전 주기가 약 243일이며, 지구와 반대 방향으로 자전을 해요.   •   • ㉡ 화성

⑶ 표면이 붉은색이며, 물이 흐른 흔적과 거대한 협곡, 화산 등이 있어요.   •   • ㉢ 금성

04 태양계의 행성에 대한 설명으로 맞는 것을 모두 고르세요. (,   )

① 목성은 태양계 행성 중에서 가장 작아요.

② 토성은 가스로 이루어진 희미한 고리를 가지고 있어요.

③ 천왕성은 거의 누운 채로 자전을 해요.

④ 해왕성은 외행성이에요.

길잡이 길을 인도해 주는 사람이나 사물.

등대는 밤에 바다를 항해하는 배들의 길잡이가 돼.

등대 덕분에 배들이 안전하게 다닐 수 있어.

북극성 작은곰자리에 있으며, 북쪽 하늘에서 위치가 거의 변하지 않는 별.

작은곰자리

북극성

북극성은 제자리에서 거의 움직이지 않아.

북극성은 지구 자전축의 북쪽 방향 멀리에 있어.

자전축

북두칠성 북쪽 하늘에 국자 모양으로 뚜렷하게 빛나는 일곱 개의 별.

국자 모양이네.

저기 큰곰자리의 꼬리 부분에 있는 일곱 개의 별이 북두칠성이야.

항성 스스로 빛을 내는 천체.

우리 같은 밤하늘의 별들은 항성이야. 우리는 스스로 빛을 내거든.

항성은 표면 온도에 따라 하얀색, 빨간색, 파란색 등 색깔이 달라.

태양도 항성이야.

신화 신이나 신 같은 존재에 대한 신비스러운 이야기.

저 오리온자리에는 신화가 전해 내려와.

사냥꾼인 오리온이 달의 여신에게 죽임을 당하고 별자리가 되었다는 이야기지.

01 뜻에 알맞은 낱말을 보기 에서 찾아 빈칸에 쓰세요.

보기   항성   북극성   북두칠성

(1) 북쪽 하늘에 국자 모양으로 뚜렷하게 빛나는 일곱 개의 별. ……

(2) 스스로 빛을 내는 천체. ……………………………………

(3) 작은곰자리에 있으며, 북쪽 하늘에서 위치가 거의 변하지
    않는 별. …………………………………………………

02 초성을 참고하여 뜻에 알맞은 낱말을 빈칸에 쓰세요.

(1) ㅅ ㅎ : 신이나 신 같은 존재에 대한 신비스러운 이야기. ➡

(2) ㄱ ㅈ ㅇ : 길을 인도해 주는 사람이나 사물. ➡

03 ☐☐ 안에서 알맞은 낱말을 골라 ○ 하세요.

(1) 높은 산을 처음 오를 때에는 산길을 잘 아는 | 돌잡이 | 길잡이 | 가 필요해요.

(2) 제우스는 그리스 | 성화 | 신화 | 에 나오는 최고의 신이에요.

(3) | 북극성 | 북두칠성 | 은 위치가 거의 변하지 않아 나침반 역할을 해요.

(4) 밤하늘에서 국자 모양의 | 북극성 | 북두칠성 | 을 찾았어요.

(5) 스스로 빛을 내는 태양은 지구에서 가장 가까운 | 혜성 | 항성 | 이에요.

별과 별자리

별은 밤하늘에서 스스로 빛을 내는 항성이에요. 수성과 금성, 화성 같은 태양계의 행성도 밤하늘에서 빛나지만, 이런 행성들은 스스로 빛을 내지 못하고 태양 빛을 반사해 빛을 내요. 그래서 행성은 별이 아니에요. 행성은 지구에서 가까워서 별보다 밝아 보이는 것이지요.

별들은 태양계를 벗어나 아주 먼 우주에 있어요. 그래서 우리 눈에는 움직이지 않는 것처럼 보이지만, 사실 별들은 각기 다른 방향으로 운동하고 있어요.

옛날 사람들은 밤하늘에서 별의 위치를 쉽게 기억하려고 별의 무리를 구분해 동물이나 신화 속 인물 등의 이름을 붙여서 별자리를 만들었어요. 오늘날에 정해진 별자리는 모두 88개이며, 계절별로 보이는 시간이 가장 긴 별자리가 그 계절의 대표적인 별자리예요.

별자리는 예로부터 사람들이 방위를 찾는 데 쓰이기도 했는데, 이때 길잡이가 되는 별이 북극성이에요. 북극성은 언제나 북쪽 밤하늘에 떠 있기 때문이지요. 하지만 북극성은 그리 밝지 않아 밤하늘에서 찾기가 쉽지 않아요. 그래서 북극성보다 밝고 일 년 내내 볼 수 있는 북두칠성이나 카시오페이아자리를 이용하면 북극성을 쉽게 찾을 수 있어요. 북두칠성의 국자 모양 끝부분에 있는 두 별의 거리를 재고, 그 거리의 다섯 배만큼 떨어진 곳을 살펴보면 북극성이 보여요.

카시오페이아자리의 ㉠과 ㉡을 연결하고 그 거리의 다섯 배 되는 곳을 살펴보아도 북극성을 찾을 수 있어.

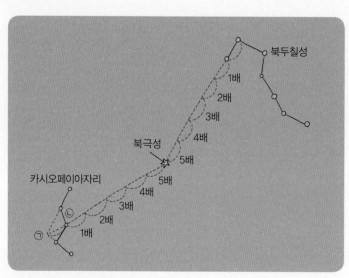

▲ 북극성을 찾는 방법

01 별에 대한 설명이 맞으면 ○, 틀리면 × 하세요.

⑴ 별은 스스로 빛을 내는 항성이에요.   (   )

⑵ 별은 지구와 아주 가까운 곳에 있어요.   (   )

⑶ 별은 제자리에서 움직이지 않아요.   (   )

02 옛날 사람들이 밤하늘에서 별의 위치를 쉽게 기억하려고 별의 무리를 구분해 동물이나 신화 속 인물 등의 이름을 붙여서 만든 것은 무엇인지 쓰세요.

┌─────────────┐
│   │
└─────────────┘

03 북극성에 대한 설명으로 맞는 것을 보기 에서 모두 찾아 기호를 쓰세요.

보기

㉠ 방위를 찾을 때 길잡이가 되는 별이에요.

㉡ 언제나 북쪽 밤하늘에 떠 있어요.

㉢ 아주 밝아서 밤하늘에서 쉽게 찾을 수 있어요.

㉣ 북두칠성이나 카시오페이아자리를 이용하면 쉽게 찾을 수 있어요.

(,   ,   )

04 글을 읽고, 빈 곳에 알맞은 말을 쓰세요.

_____의 국자 모양 끝부분에 있는 두 별의 거리를 재고, 그 거리의 다섯

배만큼 떨어진 곳을 살펴보면 _____을 찾을 수 있어요.

광년 천체 사이의 거리를 나타내는 단위로, 빛이 진공 속에서 일 년 동안 이동하는 거리임.

지구에서 저 별까지의 거리가 약 4광년이래.

4광년

4광년은 빛이 1초에 약 30만 km를 이동해서 약 4년 동안 나아가야 하는 거리야.

성단 군데군데 몰려 있는 항성의 집단.

별들이 공 모양으로 모여 있는 성단이야.

수십만 개가 넘는 별이 모여 있는 거야.

성운 구름 모양으로 퍼져 보이는 천체.

성운은 우주의 가스와 먼지 등이 모여 만들어져.

환상적이야!

소용돌이 물이 세차게 빙빙 돌며 흐르는 현상.

페트병 입구를 막고 뒤집어서 막 돌려.

그런 다음 물을 쏟으면 이렇게 소용돌이가 생겨.

우아, 회오리 같아!

우리은하 태양계가 속해 있는 은하.

우주에는 수많은 별이 무리 지어 있는 은하가 많아.

태양계

▲ 우리은하를 옆에서 본 모습

우리은하는 우주의 수많은 은하 중 하나야.

은하 중심

태양계

거대한 우리은하에서 태양계는 정말 작은 존재구나!

▲ 우리은하를 위에서 본 모습

01 낱말과 그 뜻이 바르게 짝 지어진 것을 모두 찾아 ✓ 하세요.

(1) 성단 – 사방으로 뿔뿔이 흩어져 있는 항성의 집단. ▢

(2) 성운 – 구름 모양으로 퍼져 보이는 천체. ▢

(3) 소용돌이 – 물이 세차게 빙빙 돌며 흐르는 현상. ▢

(4) 우리은하 – 태양계가 속해 있는 은하. ▢

(5) 광년 – 천체 사이의 거리를 나타내는 단위로, 소리가 진공 속에서
　　　하루 동안 이동하는 거리임. ▢

02 빈칸에 알맞은 글자를 모두 찾아 ○ 하세요.

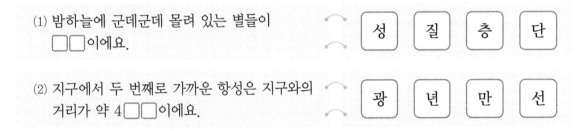

(1) 밤하늘에 군데군데 몰려 있는 별들이
　　▢▢이에요.
　　　성　질　층　단

(2) 지구에서 두 번째로 가까운 항성은 지구와의
　　거리가 약 4▢▢이에요.
　　　광　년　만　선

03 (　　) 안에 알맞은 낱말을 **보기** 에서 찾아 기호를 쓰세요.

보기　　㉠ 우리은하　　　㉡ 소용돌이　　　㉢ 성운

(1) 강 한가운데서 강물이 세차게 돌면서 (　　　)가 생겼어요.

(2) 태양계가 속해 있는 (　　　)는 약 140억 년 전에 만들어졌어요.

(3) 별들은 구름처럼 보이는 천체인 (　　　)에서 생겨난다고 해요.

우주를 이루는 은하

우주에는 수천억 개의 별들이 무리 지어 있는 은하가 무수히 많아요. '은하'는 별, 별 주위를 공전하는 행성, 별들 사이의 공간에 퍼져 있는 물질 등으로 이루어진 거대한 천체 무리를 말해요.

우주에 있는 무수히 많은 은하 가운데 태양계는 '우리은하'에 속해 있어요. 우리은하는 위에서 보면 한가운데에서 차츰 퍼져 나가며 소용돌이가 일어난 모양이에요. 옆에서 보면 중심부가 살짝 볼록한 원반 모양이지요.

태양계는 별들이 많이 몰려 있는 우리은하 중심부에서 벗어나 있어요. 그래서 지구에서 우리은하를 보면 중심부가 희뿌연 띠 모양으로 보이는데, 이것을 '은하수'라고 해요.

우리은하는 수천억 개가 넘는 별들로 이루어져 있으며, 별들은 서로 무리 지어 성단을 이루어요. 성단은 모양에 따라 산개 성단과 구상 성단으로 나뉘어요. 수십 개에서 수백 개의 별들이 아무렇게나 흩어져 있는 성단이 산개 성단, 수만 개에서 수십만 개의 별들이 빽빽하게 공 모양으로 모여 있는 성단이 구상 성단이에요. 우리은하에는 별과 별 사이에 있는 가스와 티끌 등이 모여 만들어진 천체인 성운도 있는데, 마치 화려한 색깔의 구름처럼 보여요.

우리은하는 크기가 약 10만 광년이나 되어요. 사람들은 이렇게 거대한 우리은하가 우주 전체라고 생각했어요. 그러다가 1900년대 초에 우리은하 바깥에서 안드로메다은하를 발견하면서 우리은하가 우주 전체가 아니라는 것을 알게 되었지요. 과학자들은 우주 전체에 1,000억 개가 넘는 은하가 더 있다고 생각하고 이를 찾으려고 노력하고 있답니다.

▲ 안드로메다은하

안드로메다은하는 우리은하와 가장 가까운 곳에 있는 외부 은하야.

01 글을 읽고, 빈 곳에 알맞은 말을 쓰세요.

> 별, 별 주위를 공전하는 행성, 별들 사이의 공간에 퍼져 있는 물질 등으로 이루어진
>
> 거대한 천체 무리를 _____ 라고 해요.

02 우리은하에 대한 설명으로 맞는 것을 모두 고르세요. (,   )

① 태양계가 속해 있는 은하예요.

② 우리은하는 크기가 약 10만 광년이에요.

③ 태양계는 우리은하 중심부에 있어요.

④ 우리은하 안쪽에는 안드로메다은하가 있어요.

03 지구에서 우리은하를 보면 중심부가 희뿌연 띠 모양으로 보이는데, 이것을 무엇이라고 하는지 쓰세요.

04 친구들이 설명하는 천체를 찾아 선으로 이으세요.

(1) 별과 별 사이에 있는 가스와 티끌 등이 모여 만들어졌어.   •

• ㉠ 구상 성단

(2) 수십 개에서 수백 개의 별들이 아무렇게나 흩어져 있어.   •

• ㉡ 성운

(3) 수만 개에서 수십만 개의 별들이 빽빽하게 공 모양으로 모여 있어.   •

• ㉢ 산개 성단

뜻에 알맞은 낱말을 색칠하고, 나타나는 글자를 빈칸에 쓰세요.
(낱말은 가로, 세로로 찾을 수 있어요.)

해	생	길	존	잡	협	외	행
계	희	박	하	다	곡	우	
성	무	주	지	태	북	먹	
궤	리	먼	위	양	극	내	
도	자	기	치	계	태	양	
소	용	돌	이	성	단	극	
음	속	포	중	브	력	스	
주	북	두	칠	성	산	ㅎ	
기	흑	계	지	대	성	ㅁ	
람	점	신	화	기	반		
카	크	레	이	터	시		
항	성	운	석	탄	소		

① 태양과 그것을 중심으로 돌고 있는 지구를 비롯한 천체의 집합.

② 태양 표면에 보이는 검은 반점.

③ 천체의 표면을 둘러싸고 있는 기체.

④ 행성, 위성 등의 표면에 보이는, 움푹 파인 큰 구덩이 모양의 지형.

⑤ 기체나 액체 등의 밀도나 농도가 낮거나 엷다.

⑥ 북쪽 하늘에 국자 모양으로 뚜렷하게 빛나는 일곱 개의 별.

⑦ 군데군데 몰려 있는 항성의 집단.

⑧ 물이 세차게 빙빙 돌며 흐르는 현상.

글자를 빈칸에 쓰면 행성의 이름을 알 수 있어.

성

글의 내용이 맞으면 ○, 틀리면 ✕ 하세요. 그런 다음 ○를 한 곳에 있는 글자를 차례대로 빈칸에 쓰세요.

우주로 출발!

태양계의 모든 행성은 위성을 거느려요. **안**

우 우리가 사는 지구는 태양계에 속해요.

태양에서 온도가 가장 높은 곳은 흑점이에요. **드**

지구형 행성은 모두 고리가 있어요.

로

금성은 자전 방향이 지구와 반대예요. **리**

별은 스스로 빛을 내는 항성이에요. **은**

북극성은 북두칠성보다 밝아요. **다**

태양계는 우리은하에 속해 있어요. **하**

무사히 도착!

별

스테파네트 아가씨는 턱을 괴고 밤하늘을 올려다보고 있었다. 하늘 나라에도 목동이 있다면 우리 아가씨와 같은 모습을 하고 있을 것 같았다. 아가씨는 별들을 바라보며 또 물었다.

"너는 저 별들의 이름을 다 알고 있니?"

"물론이에요. 우리 머리 위에 빛나고 있는 저 별들은 성 야곱의 별이에요. 성 야곱의 별은 은하수라고 하는데, 프랑스에서 스페인까지 이어져 있어요. 용감한 샤를마뉴 대제가 사라센 사람들과 전쟁을 할 때 성 야곱이 길을 가르쳐 주기 위해 그려 놓았다나 봐요. 저 멀리 반짝이고 있는 별들은 영혼들의 수레라고 불려요. 네 개의 별이 바퀴 모양으로 반짝이는 거 보이지요? 그 앞에 있는 세 개의 별은 세 마리의 야수고, 세 번째 별의 맞은편에 있는 작은 별은 마부꾼이라는 이름을 가지고 있어요. 그 주위에 흩어져 있는 별들은 천국에 들어가지 못한 불쌍한 영혼들이고요. 좀 더 아래에 있는 별들은 쇠스랑 혹은 세 명의 왕(오리온)이라고 불려요. 세 명의 왕 자리는 우리 목동들에게는 시계나 마찬가지예요. 우리는 별의 위치를 보고 시간을 짐작하거든요. 지금 막 자정이 지났어요. 제 생각으로는 목동의 별이 세상에서 가장 아름다운 것 같아요. 목동의 별은 이른 새벽 양 떼를 몰고 들로 나갈 때, 또 날이 저물어 양 떼를 몰고 우리로 돌아올 때 한결같이 반짝이거든요. 우리는 이 별을 마글론이라고 하는데요, 마글론은 7년에 한 번 프로방스의 피에르(토성)와 결혼을 한답니다."

스테파네트 아가씨에게 별들의 결혼에 대해 이야기하려고 할 때였다. 부드럽고 향기로운 그 무엇인가가 내 어깨를 가볍게 눌렀다.

알퐁스 도데 글, 표시정 옮김, 『마지막 수업 외』, 삼성당

01 '나'는 무엇에 대해 이야기를 하고 있는지 알맞은 것을 고르세요. (   )

① 별들의 결혼   ② 밤하늘 별들의 이름

③ 프랑스와 스페인의 전쟁   ④ 양 떼를 모는 방법

02 각 별에 대한 설명을 **보기** 에서 찾아 기호를 쓰세요.

보기

㉠ 목동들에게 시계나 마찬가지인 별이에요.

㉡ 7년에 한 번 프로방스의 피에르(토성)와 결혼을 해요.

㉢ 샤를마뉴 대제가 사라센 사람들과 전쟁을 할 때 성 야곱이 길을 가르쳐 주려고 그려 놓았다고 해요.

⑴ 은하수 (   )   ⑵ 마글론 (   )   ⑶ 오리온 (   )

03 글의 내용으로 <u>틀린</u> 것을 모두 고르세요. (,   )

① 스테파네트 아가씨는 하늘 나라의 목동이에요.

② '나'는 밤하늘에 떠 있는 별들의 이름을 다 알고 있어요.

③ 스테파네트 아가씨가 별들의 결혼에 대해 이야기했어요.

④ '나'는 목동의 별이 세상에서 가장 아름답다고 생각해요.

어휘 풀이

- **목동** 소, 양, 염소 등의 가축에게 풀을 뜯기면서 돌보는 아이.
- **은하수** 흰 구름 모양으로 길게 보이는 수많은 천체의 무리.
- **수레** 사람을 태우거나 짐을 싣는 데 쓰는, 사람이나 짐승이 끄는 바퀴가 달린 기구.
- **야수** 사람이 기르지 않고 산이나 들에서 나서 자란 사나운 짐승.
- **마부꾼** 말을 부려 마차나 수레를 모는 일을 직업으로 하는 사람.
- **쇠스랑** 땅을 파거나 풀을 긁어모으는 데 쓰는, 끝에 서너 개의 쇠가 달린 갈퀴 모양의 농기구.
- **자정** 밤 열두 시.

1일 어휘 (11쪽)

01 (1) 항해 (2) 항구 (3) 돛대 (4) 한계

02 (1) ㉡ (2) ㉠

03 (1) 수평선 (2) 항해 (3) 한계 (4) 항구
(5) 돛대 (6) 지평선

1일 독해 (13쪽)

01 ③

02 빵이

03 편평하다면, 둥글어서, 둥근

04 ㉠, ㉢

2일 어휘 (15쪽)

01 (1) ✕ (2) ✕ (3) ○ (4) ✕ (5) ○ (6) ○

02 ③

03 (1) ㉢ (2) ㉠ (3) ㉡

2일 독해 (17쪽)

01 지형

02 (1) ✕ (2) ○ (3) ✕

03 (1) ㉣ (2) ㉢ (3) ㉠ (4) ㉡

04 (1) ㉡ (2) ㉢ (3) ㉠

3일 어휘 (19쪽)

01 (1) 지, 수 (2) 증 (3) 부 (4) 식 (5) 천
(6) 계

02 (1) 지하수 (2) 식수 (3) 하천

03 (1), (3)

3일 독해 (21쪽)

01 (1) ○ (2) ○ (3) ✕

02 순환

03 증발, 구름, 비, 바다

04 ③

4일 어휘 (23쪽)

01 (1) ㉡ (2) ㉢ (3) ㉢ (4) ㉠ (5) ㉣

02 (1) 해, 안 (2) 상, 류

03 소라, 또띠

4일 독해 (25쪽)

01 물

02 (1) ㉡ (2) ㉠

03 (1) 하류 (2) 상류 (3) 상류 (4) 하류

04 ②, ④

5일 어휘 (27쪽)

01 (1) ㉢ (2) ㉣ (3) ㉤ (4) ㉡ (5) ㉢ (6) ㉠

02 (1) ㉡ (2) ㉠ (3) ㉢ (4) ㉣

03 (1) 착륙 (2) 디뎌서

5일 독해 (29쪽)

01 커, 지구

02 롱이, 빵이

03 ④

04 (1) ✕ (2) ○ (3) ✕ (4) ✕

6일 복습 (30~31쪽)

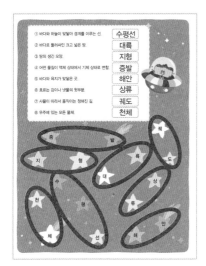

1일 어휘 (35쪽)

01 (1) ○ (2) ○ (3) ✕ (4) ✕ (5) ✕ (6) ○

02 (1) ㉡ (2) ㉠ (3) ㉢

03 (1) 퇴적 (2) 하류 (3) 층층이

1일 독해 (37쪽)

01 지층

02 ㉡, ㉠, ㉢

03 (1) ㉢ (2) ㉡ (3) ㉠

04 ①, ④

2일 어휘 (39쪽)

01 (1), (2), (6)

02 꽈리, 롱이

03 (1) 구, 성 (2) 생, 성 (3) 지, 표, 면

2일 독해 (41쪽)

01 퇴적암

02 (1) ㉢ (2) ㉡ (3) ㉠

03 아래쪽, 위쪽, 좁아져요

04 (1) ○ (2) ✕ (3) ✕ (4) ○

3일 어휘 (43쪽)

01 (1) ㉤ (2) ㉢ (3) ㉡ (4) ㉥ (5) ㉣ (6) ㉠

02 (1) 지각 (2) 고사리 (3) 삼엽충

03 (1) 흔, 적 (2) 몸, 체 (3) 생, 물

3일 독해 (45쪽)

01 ③

02 ㄷ, ㄱ, ㄴ

03 ④

04 또띠, 핫또야

4일 어휘 (47쪽)

01 (1) 움, 푹 (2) 분, 출 (3) 분, 화, 구
(4) 한, 반, 도 (5) 온, 천 (6) 하, 강

02 ②

03 롱이, 소라

4일 독해 (49쪽)

01 화산

02 화산 가스, 용암, 화산 암석 조각, 화산재

03 (1) 현무암 (2) 화강암 (3) 화강암
(4) 현무암

04 ①, ②

5일 어휘 (51쪽)

01 (1) 진원 (2) 규모 (3) 축대 (4) 지진파
(5) 사방 (6) 쓰나미

02 (1) ㄷ (2) ㄱ (3) ㄴ

03 (1), (3)

5일 독해 (53쪽)

01 판

02 지진

03 (1) ◯ (2) ◯ (3) ✕ (4) ✕

04 ②, ④

6일 복습 (54~55쪽)

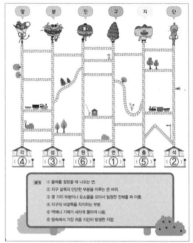

① 단면
② 암석
③ 구성
④ 지각
⑤ 분출
⑥ 진원

교과서 속 책 읽기 (57쪽)

01 소금의 중요성

02 빵이, 롱이

03 ①, ④

1일 어휘 (61쪽)

01 (1) 형성 (2) 기상 (3) 서리

02 핫또야, 빵이

03 (1) 습, 도 (2) 응, 결 (3) 기, 상
(4) 형, 성 (5) 서, 리 (6) 냉, 각

1일 독해 (63쪽)

01 ②, ④

02 구름, 안개

03 (1) ㉡ (2) ㉠

04 롱이, 소라

2일 어휘 (65쪽)

01 (1), (2), (4), (5)

02 ②

03 (1) 기압 (2) 발달 (3) 북반구

2일 독해 (67쪽)

01 기압

02 높아지고, 낮아져요, 고기압, 저기압

03 ①, ③

04 (1) ○ (2) ✕ (3) ○

3일 어휘 (69쪽)

01 (1) ✕ (2) ○ (3) ✕ (4) ○ (5) ○ (6) ✕

02 (1) 원, 심, 력 (2) 시, 속 (3) 관, 측

03 (2), (3)

3일 독해 (71쪽)

01 자전축, 자전

02 ㉡, ㉠

03 롱이

04 ④

4일 어휘 (73쪽)

01 (1) 면적 (2) 태양 에너지 (3) 공전
(4) 태양 고도 (5) 남중 고도 (6) 별자리

02 (1) ㉠ (2) ㉢ (3) ㉡

03 (1) 태양 에너지 (2) 별자리 (3) 태양 고도

4일 독해 (75쪽)

01 공전

02 (1) ○ (2) ✕ (3) ○

03 ④

04 (1) ㉠ (2) ㉡

5일 어휘 (77쪽)

01 (1) ㉢ (2) ㉠ (3) ㉣ (4) ㉡

02 (1) ㉠ (2) ㉡

03 (1) 일식 (2) 음력 (3) 초승달 (4) 위성
(5) 상현달 (6) 월식

5일 독해 (79쪽)

01 (1), (3)

02 일식, 월식

03 ㉢, ㉠, ㉡

04 ②

6일 복습 (80~81쪽)

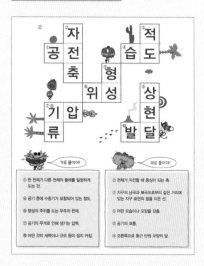

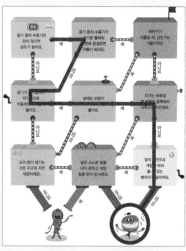

1일 어휘 (85쪽)

01 (1) 행, 성 (2) 태, 양, 계 (3) 혜, 성

02 (1) ㉡ (2) ㉢ (3) ㉠

03 (1) 행성 (2) 소행성 (3) 태양계 (4) 만유인력
(5) 주기 (6) 혜성

1일 독해 (87쪽)

01 태양계

02 행성, 태양

03 또띠

04 ③, ④

2일 어휘 (89쪽)

01 (1) ㉣ (2) ㉢ (3) ㉡ (4) ㉠

02 (1) 제공함 (2) 기체

03 (1) ㉤ (2) ㉡ (3) ㉣ (4) ㉠ (5) ㉥ (6) ㉢

2일 독해 (91쪽)

01 태양

02 (1) ○ (2) × (3) ○

03 ②

04 문수, 아영

3일 어휘 (93쪽)

01 (1) 협곡 (2) 옅다 (3) 지구 (4) 바깥쪽
(5) 흡사 (6) 크레이터

02 빵이

03 ③

3일 독해 (95쪽)

01 (1) ㉠, ㉡, ㉢, ㉣ (2) ㉤, ㉥, ㉦, ㉧

02 (1) 작다. (2) 기체 (3) 없다. (4) 많다.

03 (1) ㉠ (2) ㉢ (3) ㉡

04 ③, ④

4일 어휘 (97쪽)

01 (1) 북두칠성 (2) 항성 (3) 북극성

02 (1) 신화 (2) 길잡이

03 (1) 길잡이 (2) 신화 (3) 북극성
    (4) 북두칠성 (5) 항성

4일 독해 (99쪽)

01 (1) ◯ (2) ✕ (3) ✕

02 별자리

03 ㉠, ㉡, ㉣

04 북두칠성, 북극성

5일 어휘 (101쪽)

01 (2), (3), (4)

02 (1) 성, 단 (2) 광, 년

03 (1) ㉡ (2) ㉠ (3) ㉢

5일 독해 (103쪽)

01 은하

02 ①, ②

03 은하수

04 (1) ㉡ (2) ㉢ (3) ㉠

6일 복습 (104~105쪽)

① 태양계

② 흑점

③ 대기

④ 크레이터

⑤ 희박하다

⑥ 북두칠성

⑦ 성단

⑧ 소용돌이

교과서 속 책 읽기 (107쪽)

01 ②

02 (1) ㉢ (2) ㉡ (3) ㉠

03 ①, ③

과학 3권 찾아보기